だいわ文庫

精神科医が教える

還暦からの上機嫌な人生

保坂隆

大和書房

はじめに――「還暦を超えたら、のんびり過ごそう」と考える前に

ご存じのとおり、満60歳は「還暦」と呼ばれます。干支（十干十二支）で年齢を数えた場合、満60歳の年に誕生年の干支に戻る（暦に還る）ことに由来しています。このことから、還暦は「人生の大きな節目」とされ、かつてはこの年を迎えた人を「老人」と呼ぶようになるのが一般的でした。しかし、**平均寿命が80歳を超えた今、60歳で枯れてしまう人はまずいません。**

ところが、満60歳を定年（2025年には65歳までの雇用確保が義務化されますが）と定めている企業はいまだに多く、自主的な退社も含め、まだまだ第一線で戦えるにもかかわらず、還暦前後で職を辞す人が多いのです。

定年退職を迎えた人に、「これからやりたいこと」を聞いてみると、私の経験では「のんびりしたい」と答える人がほとんどですし、自分の意思で退社した人の口からも、「あくせく働くのはもうたくさん。しばらくゆっくりしたい」とい

もくじ

第1章　多くの人がハマる還暦後の落とし穴
――ここから、どうふんばるか!?

第2章 自分にブレーキをかけることはやめよう

——あなたの思いひとつで変わる

第3章 60歳になったのだから、こう考えるのがいい

――悩みは百害あって一利なし！

第4章　気持ちのよいつき合いの極意
――これを誤ると急につらくなる……

第5章 感じのいい人と言われる基本のキ
——〝間違い〟を犯しやすいのでご注意！

第6章　無理のない健康づくり、これで安心！
――認知症予防、おろそかになっていないか？

第7章　常識に縛られて人生をおくる必要はない
――たったこれだけで豊かな人生に

問題——たとえば健康やお金と比べれば、はるかに与《くみ》しやすいと思います。
高齢者といわれる年齢が近づいても、過度に恐れたり、見て見ぬふりをしないことを強くおすすめします。

“世界で一番強いものはただ一人立つものなのだ。”
——イプセン

孤独であることは、寂しいことではない

「孤独であるとき、人は自分自身と一緒にいることができる。（中略）寂しさを感じる人間は、際限なく他人を求めるが故に自分自身のもとにあることができない」

哲学に詳しい人なら、「この言葉、どこかで聞いたことがあるぞ」と思ったかもしれません。実はそのとおりで、これはドイツ出身の哲学者ハンナ・アーレント（1906～75）が残した著書『全体主義の起源』に登場する名言のひとつです。

簡単に言ってしまえば、孤独と寂しさは違うという指摘です。普段は難しい哲

学者の言葉など引き合いに出さないのですが、この言葉は孤独と寂しさの違いを的確にあらわしているので、使わせてもらいました。

私たちはどうしても「孤独＝好ましくない」と捉えがちです。たしかに、孤独感が強い人は他人と協調する能力が低く、後ろ向きに考えがちになると思われますし、他人との交流がない人は、交流がある人よりも死亡率が高いという調査結果もあります。

しかしこれとは逆に、**他人との交流が少ない人ほど有意義な時間を過ごしていて、心身の健康状態も高い**という調査結果もありますし、孤独な人ほど独創的なアイデアを思いつきやすいと指摘する研究者もいます。これらは、アーレントが指摘したとおり、「自分自身と一緒にいられることを謳歌している」からこそ得られるメリットにほかなりません。

では、なぜ、このような正反対の帰結が生まれるのでしょうか。それは、孤独に対する考え方や捉え方が人によって違うためだと思います。他人と協調する能力が低かったり、死亡率が高くなってしまう人は、孤独が寂しいと感じている人です。それに対し、有意義な時間を過ごすことができたり独創的なアイデアにあふれている人は、孤独を好ましいことと感じている人です。

このように、**自ら進んである課題（この場合は孤独になること）を始めることを「内発的動機づけ」と呼びます。**子どもの頃に勉強が大嫌いだった人でも、自分が興味のある科目だけは学習が進んだはずです。これは、自分の興味や関心という「内発的動機づけ」で勉強を始めたためです。

反対に、親に「もっと勉強しなさい！」「成績が下がったら、お小遣いを減らしますよ！」などと言われた科目はますます嫌いになり、テストの点数は落ちていく一方だったのではないでしょうか。このように、評価や賞罰、強制などである課題を始める

ことを「外発的動機づけ」と呼びます。

つまり、孤独を必要以上に恐れたり、孤独は寂しいことだと思い込んでいると、毎日の生活にうんざりしたあげく、死亡率まで高くなってしまうのです。一人暮らしの高齢者世帯は年々多くなっているわけですから、明日は我が身です。そうなるとわかっているなら、「一人になったら何をしよう」と楽しみにしていたほうがいいでしょう。

一人暮らしになったばかりのシニアにこんなアドバイスをすると、ほとんどの人から「とてもそんなふうには思えない」という答えが返ってきます。たしかに本音はそうかもしれません。でも、そのままでは「寂しさ」にとらわれて落ち込む一方です。そうならないように、**ちょっとしたきっかけがあったら、「楽しい」「自由になれた」と思ってほしいのです。**思うのが難しいなら、口に出すようにしてください。

これも外発的動機づけの一種ですが、そう思い込むことで次第に「楽しい」「自由になれた」という気持ち（内発的動機づけ）に変化していきます。つまり「寂しさ」から解放されて、まったく新しい〝一人の世界〟が見えてくるということです。

ていますから、健康に不安を感じるのは当然でしょう。

しかし、不安になりすぎるのも考えものだと思います。なぜなら、どんなに注意深く暮らしていても、病気にかかることは避けられないからです。

かかるか、かからないかわからない病気に怯えながらびくびく暮らしていると、**コルチゾールという悪玉ホルモンの分泌量がどんどん増えて、免疫力は衰える一方です。**その結果、かえって病気にかかりやすくなってしまいます。つまり、人生には「どうにもならないこともある」と考えるのも必要なのです。

だからといって、無頓着でいいわけではありません。人生には「どうにかなること」もたくさんあります。たとえば喫煙者なら、今からでもタバコをやめれば、がんの発症を防げるかもしれません。また、毎日体を動かしたり、頭を使っていれば、寝たきりや認知症になるリスクも減らすことができます。

「孤独」も同じです。自ら望んで孤独に生きているならいいのですが、「友だちがいなくてつらい」とか「一人暮らしが寂しい」という感情に苛《さいな》まれている人もたくさんいると思います。これは、「出会いのチャンス」を作ることに無頓着なために起きてしまったことで、自ら行動を起こせば「なんとかなる」ことはないでしょうか。

とにかく、「どうにもならないこと」に対しては達観し、「どうにかなること」に努力を向けるのが、心豊かに暮らすためには大切だと思います。

“危険への恐怖は、危険そのものより、一万倍も恐ろしい。”

――ダニエル・デフォー

人生を無駄にする2つの生き方

「寂しい」というのは、心が満たされず、もの悲しい感情です。人生経験豊富なシニアなら、一度や二度は「寂しい」経験をしたことがあるはずです。

「家族と一緒に暮らしているから大丈夫」「友人がたくさんいるから寂しくない」と反論する人もいるでしょう。でも、たとえ人に囲まれていても、寂しさを感じることはあります。

家族と一緒に暮らしていても、性格的に合う・合わないはあるはずです。たとえ自分の子どもでも、大きくなれば「遠慮して言いたいことが言えない」関係になっているかもしれません。

また、友人がたくさんいるといっても、人生後半になってからできた友人は竹馬の友とは違い、ある程度遠慮しながらつき合うのではないでしょうか。もし、一切の遠慮なしにつき合っていたら、かえって相手から敬遠されて、寂しい思いをすることになるかもしれません。

こうした寂しさを解消するために絶対にやってはいけないのが、お酒に頼ること。「若い頃からお酒をほとんど飲まなかったから大丈夫」と思っている人でも、**シニアになってから寂しさを紛らわすためにお酒を飲み始め、アルコール依存症になる人**が少なくありません。

とくにシニアは体内の水分量が若年者より少なく、若い頃と同じ酒量でも血中アルコール濃度が高くなりがちです。さらに、加齢にともない肝臓の働きも低下して、アルコールが分解されにくくなります。わずかな飲酒量でもアルコール依存症になりやすいのです。

ちなみに、あるアルコール依存症専門治療病院を受診した新規患者のうちシニアの占める割合は、過去10年間で9ポイントも増え、24・3パーセントに達しているそうです。

さらに、**シニアが継続的に大量飲酒を続けていると、認知症のリスクが4倍以上、うつ病のリスクが3倍以上に急増する**という調査もありますから、「寂しさをお酒で紛らわす」のは絶対にやめるべきです。

ところで、女性には違った解消パターンが見られます。「寂しさを買い物で紛らわす」というケースが多いのです。

現在60〜80歳代の人というのは、バブル時代の「消費は善である」という価値観のなかに身を置いてきたため、衝動買いの誘惑に負けやすいところがあります。買い物をすると快感を覚えるという人もいて、その快感を再体験したいために**必要のないものまで買い込んでしまう「買い物依存」に陥る**人が少なくないのです。

また、このタイプは、巧みな言葉で法外な価格の商品を売りつける悪質商法の

ほうがいいと思います。なぜなら、がんばって、たとえば「宅地建物取引士」「社会保険労務士」などの資格を取得すると、「よい条件で再就職できるかもしれない」という「欲」がどうしても芽生えるからです。

しかし現実には、**多くの企業は資格よりも経験を重視するため、たとえ資格所有者でも未経験の場合は、さほどよい条件で採用されない**ようです。「それでも経験を積めるならありがたい」と、前向きに考えられるならいいのですが、すでに「自己肯定感」を喪失しているシニアの場合、「せっかく、よい条件で就職できると思ったのに、うまくいかなかった」という挫折感を味わう可能性が高くなります。これでは、「誇るために資格を取る」という前提が崩れてしまいます。

そこで、おすすめしたいのが、「世界遺産検定」や「野菜ソムリエ」のような、世の中で話題になっている資格です。これらに合格するのも簡単ではありませんが、「宅建士」や「社労士」などとは比べるまでもありません。

そもそも、自己肯定感を取り戻すための資格取得なのですから、気軽に、楽しいものから始めればいいのです。しかも、話題になっている資格なら、話題づくりにもなって、孤独のストレスからも遠ざかることができるでしょう。些細なことでキレたりせず、嫌なことも軽く受け流せるようになると思います。

“何かに打ち込むことこそ人生の幸福である。”
――サミュエル・スマイルズ

「これから何をしよう」と悩める贅沢

日本の歴史に登場する人物のなかで、抜群の人気を誇るのが織田信長です。桶狭間の戦いを前にして「人間五十年、下天《げてん》のうちを比ぶれば、夢幻の如くなり」と謡《うた》いながら舞ったという話はあまりにも有名です。そのため、信長の言葉と思われているようですが、実は『敦盛《あつもり》』という演目の舞で、信長以前からあった言葉でした。

もうひとつ、この言葉について誤解されているのが、「人の一生は50年に過ぎず、淡い夢のようなものだ」という解釈です。このことから、信長が生きた安土桃山時代の平均寿命が50歳前後とも思われているようですが、実際にはそれよりもはるかに短く、30代だったといわれています。

ちなみに、信長が本能寺の変で自害に追い込まれたのは48歳とされ、当時としてはかなり長命だったことになります。

その後も日本人の寿命は伸び悩み、平均寿命が50歳を超えたのは、太平洋戦争が終わった直後の1947年でした（平均寿命が短い男性の場合）。20年ほど寿命を延ばすのに400年近くかかったのです。

ところが、男女ともに平均寿命が80歳を超えたのは2013年ですから、平均寿命50歳から30年寿命を延ばすのに66年しかかかっていません。このような寿命の延びは今後も続くと考えられ、**2050年には女性が90歳、男性も83歳を超える**と予想されています。

つまり、シニアに残された時間は増える一方です。先ほど、60歳定年の時点で残された自由時間はおよそ8万時間に達すると紹介しました。しかし、2050年になれば、それが男女とも10万時間を軽く超えることになります。ところが、ほとんどの人は「今から何か始めるのでは遅すぎる」「いまさらやったところで……」などとあきらめています。

90歳を迎えたある女性は、「人生で後悔していることは何ですか？」と問われたときに、「60歳のときにバイオリンを弾きたいと思ったのですが、もう遅いと思って挑戦しませんでした。あのとき始めていれば30年も演奏できていたのに……」と答えています。

加齢とともに聴覚や記憶力は衰えていくのは事実ですし、指も若い頃ほどスムーズには動かないでしょう。しかし、**なんでも1万時間続ければプロになれるという「1万時間の法則」**がありますから、30年間続けていれば、かなり上手なバイオリン弾きになれたはずです。そうなれなかったのは、本人だけではなく世の中にとっても大きな損失ではないでしょうか。だからこそ、60歳になっても挑戦を続けてほしいのです。

そういえば、先日テレビを見ていたら、60歳で定年退職した後に自家焙煎《ばいせん》のコーヒー店を始めたという人が取りあげられていました。その方は、現役時代にコーヒーが好きだったというだけで、コーヒー豆を焙煎した経験は一度もなかったそうです。ただ「おいしいコーヒーが飲みたい」という軽い気持ちでコーヒー豆の焙煎方法を独学で研究し、その延長線で自宅をコーヒー店に改装してしまったそうです。

こんな軽い気持ちでもいいのです。**とにかく、「やってみたい」と思うことがあったら、それが今後の自分を支える夢や志になっていくはずです。**

ところで、「人生五十年……」の正しい意味ですが、「人間にとっての50年は、下天（天界の最下層の天）にとってさえ1日にしかあたらない、はかない夢のようなもの」だといわれています。

“諦めは日常的な自殺である。”
――オノレ・ド・バルザック

チャンスを掴むカギは「抗わず、でも、流されず」

「報道番組はつまらない」

「時事問題や国際問題は視聴率がとれない」

視聴者側と制作者側の両方にこのようなイメージがありましたが、ジャーナリストの池上彰さんが、このイメージを完全に払拭したといわれています。

その人気の秘密は、「歯に衣着《きぬ》せぬ発言」と「相手が誰であろうと、聞きたいことは必ず聞く」というブレない姿勢でしょう。この姿勢が視聴者に受け入れられ、テレビ局には「池上さんの出演番組をもっと増やしてほしい」というリクエストが多く届いているそうです。

でも、その割には、池上さんの出演は少ないと思いませんか。それは「タレント番組出演本数ランキング（2019年）」を見ても明らかで、池上さんの名前は20位までに出てきません。

でも、日本で同じことをしたら怪訝《けげん》な顔をされるので、他の方法を考えなければなりません。私がおすすめするのは、「スーパーやコンビニで買い物をするのを極力やめる」「入ったことのない店にふらりと立ち寄ってみる」という2つの方法です。

スーパーやコンビニでは、ひと言もしゃべらずに買い物ができてしまいます。カートに商品を放り込み、レジでお金やカードを差し出すだけなので、あまり脳の刺激にはなりません。

その点、小売店を利用すれば、店主に挨拶をしたり、その日のおすすめの食材を聞いたり、ときには値引き交渉をすることもあるでしょう。また、野菜は青果店、魚は鮮魚店、肉は精肉店へ行って買えば、そのたびに会話をするようになります。この繰り返

しが公的自己意識と脳神経に刺激を与えるのです。

また、知らない店にふらりと立ち寄ってみるという行動は、さらに公的自己意識と脳神経に強い刺激を与えます。

少し前に「アハ体験」という言葉が流行したのを覚えているでしょうか。ドイツの心理学者カール・ビューラーが提唱した心理学上の概念で、**「新しいことをやると脳が激しく活性化する」**ことです。はじめての店へ入り、初対面の店員さんと会話をするのは「アハ体験」になりますから、新しい店を見つけたら、とりあえず入ってみるといいでしょう。

“もし最初成功しなかったら、試みよ、再び試みよ。”

——ヒクトン

「心の居場所」を探していくと、孤独感も少なくなる

みなさんには「居場所」がありますか？

こう問いかけると、ほとんどのシニアが「あるよ、自分の家」と答えると思います。しかし、それは「体を置く場所」という意味の「居場所」ですね。

でも、「居場所」というのは、体を置く単なる空間を意味する言葉ではありません。これは私がこじつけた解釈ではなく、最新の心理学研究でも**「居場所とは心理学的な側面を含んだ場所のことを指し、ありのままの自分をさらけ出しても受け入れられ、自分の評価を大切にしてくれる人たちがいる安心できるところ」**と定義されているのです。

たしかに自分の家にいるときは、ありのままの自分をさらけ出しているでしょう。ただ、それを同居している配偶者や子どもが受け入れているかというと……ちょっと疑問かもしれません。

最近、シニアから「配偶者や家族と一緒に暮らしているのに、孤独感に苛まれる」という話をよく聞くようになりました。そう感じてしまう理由は、配偶者や家族が自分を受け入れてくれず、評価もしてくれない……。少なくとも自分ではそう感じているところにあるのではないかと思います。

また、「家に居づらいので、図書館や一人カラオケで時間をつぶしている」というシニアも増えています。これも、空間という意味では「居場所」なのかもしれませんが、こうした生活を続けていると、次第に孤独感に苛まれる場合が多いようです。

これは、図書館や一人カラオケでは誰とも接することがない……つまり、受け入れてくれる人がいないために感じる孤独感です。

これらの場所は、本当の意味の居場所とはいえないでしょう。そして、本当の居場所、すなわち**「心の居場所」を見つけられないかぎり、人は孤独感から逃れられません。**

では、「心の居場所」はどこにあるのでしょうか。もし、自宅にそれを求められないなら、どのように探せばいいのでしょうか。

そのヒントは「趣味」にあると思います。たとえば、カメラが趣味なら、カメラ同好会に参加したり、フェイスブックやその他のＳＮＳ（ソーシャル・ネットワーキング・サービス）で、同じ趣味の人たちとつながるのです。自分の趣味を明らかにするというのは「ありのままの自分をさらけ出す」ことですし、同じ趣味の人なら当然、それを受け入れてくれますから、居場所作りの第一歩はこれで完了です。

ただし、つながるだけでは不十分です。自ら進んでイベントに参加したり、日頃から思っていることを発言したり、こちらからも発信するようにします。

そのとき、諸先輩方に失礼がないよう心がけましょう。年齢はあなたが上だとしても、先に参加していた人のほうが先輩ですからね。そして、前向きな発言をし続けましょう。この2点を守っていれば、必ず共感してくれる人が現れます。

「誰も共感してくれなかったらどうしよう」などと心配することはありません。同じ趣味の人が集まっている場所では**「類似性の要因」**という、相手に好感を持つ心理が働き、必ず共感してくれる人がいるはずだからです。共感とは、相手を評価しているということですから、そこが心の居場所になるでしょう。

ほかにも、子どもや孫の学校行事や町内会、マンションの自治会なども十分、心の居場所になり得ます。大切なのは、**まったく利害関係のないところで、ひと**

つのことを一緒になって考えていくこと——社会と接する機会が減りがちなシニアにとって、このような機会を持つことは、「心の居場所」だけではなく生きがいを持つことにもつながるはずです。

“真の勇気というものは、
極端な臆病と向うみずの中間にいる。”

——セルバンテス

をおすすめします。意外なほど、やる気が出てきますよ。

“みずから愉しむことのできない人々は
しばしば他人を恨む。”

——イソップ

「夫のため、子どものため」に生きるのをやめてみる

夫が定年退職して四六時中家にいることに強いストレスを受け、「主人在宅ストレス症候群」という心の病を発症する妻が増えています。

ある調査によると、**妻の約半数が「夫が定年を迎えるのが憂うつ」**と答えたというのですから、主人在宅ストレス症候群にならないまでも、夫が朝から晩まで家にいることを不快に思っている女性はかなりの数に上ると思われます。それが熟年離婚の一因になる場合も多いようです。

このようなストレスを妻に与えないためには、夫が今まで以上に思いやる気持ちを示すことが大切です。しかし、日本人男性——とくに団塊あたりの世代は、優し

い言葉を口にしたり、態度に示すのが苦手で、なかなかうまくいかないようです。

それなら、妻からアクションを起こしてみてはどうでしょうか。夫の定年と同時に、「夫のため、子どものために生きるのはやめます」と宣言するのです。つまり、**「主婦業の定年宣言」**ですね。

定年を迎えると聞くと、男性ばかりに注目が集まり、「40年近く勤め上げてご苦労さま」とねぎらわれますが、その間に主婦が果たした貢献はほとんど評価されることはありません。

しかし、女性は出産、子育て、家事という大切な仕事をこなしてきました。親の介護という仕事も任される人も多いでしょう。なかには、子育てと家事、介護が重なり、朝はまだ暗いうちから布団を出て、眠るのは家族が寝静まってから。さらに、親の晩年には、真夜中に起こされることも珍しくないという厳しい生活をおくってきた女性もたくさんいます。

ちなみに、**内閣府経済社会総合研究所の試算では、専業主婦の家事労働は年収304万円にもなる**そうで、相当な貢献だったとわかります。これだけ働いてきたのですから、夫の定年と同時に、妻も定年を迎えてもいいのではないでしょうか。

とはいうものの、「明日から家事は一切やりません」というのは現実的に無理でしょう。しかし、「私も主婦業を定年します」という爆弾発言は、「妻は夫や子どもの世話をするのが当たり前」という、間違った固定観念を覆すのに十分すぎる破壊力を持っているはずです。

たとえば、妻が友人と出かけた日の昼食ぐらいは、夫や子ども（かなりの年齢になっているはずですから）が、自分で用意するようになるでしょう。また、部屋の掃除や洗濯も、自分のぶんくらいは各自がやるようになるはずです。このように少しずつ自立を促していけば、やがて泊まりがけの旅行へ一人で行

くこともできるでしょう。

今まで一度も台所に立ったことのない夫に料理を任せたら、台所はめちゃくちゃになるかもしれませんし、洗濯だって色物と白物を一緒に洗ってたいへんなことに。でも、定年宣言をしたのですから、それでも手を出さないこと。**子育てに忍耐が必要なように、夫育ても忍耐強くやる必要があるのです。**

こうして「夫育」に成功して自分のための時間を持てるようになれば、人生の楽しみは無限に広がります。それに加え、家事を分担してもらえば、夫の老化や認知症の予防にもなります。

とくに料理は、脳を非常に活性化するといわれています。それは、料理人のなかに70歳を超えても現役を続けている人がたくさんいることからも明らかです。「包丁など一度も握ったことがない」と、夫が泣き言を言っても、妻は聞こえないふりをして遊びに出かけていいと思います。それが「愛の鞭《むち》」なのです。

"できぬと見えても
できると信ずるがためにできる事がある。"
——三宅雪嶺

大切なのは、自分がやりたかったことに取り組む時間

人生の選択肢は年を重ねるにつれ、減っていくと思われています。

たとえば、子どもの頃はプロ野球選手や宇宙飛行士、なかにはノーベル賞をとりたいと大志を抱いていた人もいるでしょう。しかし、中学生くらいになり、「自分にはプロになれるほどの身体能力が備わっていない」とわかると、プロ野球選手の夢はあきらめるでしょう。視力が落ちれば宇宙飛行士になる夢は絶たれ、勉強が苦手だと自覚したら、ノーベル賞を目指すのも難しいとわかってしまうわけです。

なかには「実力は十分にあったが、環境の影響で夢を捨てざるを得なかった」という人もいます。代表的な例として、「親に反対されて、夢をあきらめた」「学び続けるお金が家になかった」「結婚相手が専業主婦になることを望み、大学や仕事を辞めた」などがあります。

しかし、子どもが独立して、**時間とお金がある程度自由になったら、いったんはあきらめた夢に向かって、もう一度進んでみてはどうでしょうか。**

そのためには、まず夢を思い出す必要があります。というのも、私たちの心には、叶わなかった夢を忘れようとする働きがあるためです。叶わなかった夢を思い返してばかりいたら、ストレスは増える一方なので、忘れさせようとするわけです。その忘れていた夢をもう一度、頭のなかによみがえらせてみましょう。

思い出し方は簡単です。頭に浮かんだ「夢」を紙に書き出すだけ。すると、連想ゲームのように、忘れていた大きな夢がよみがえってくるはずです。

書き出したもののなかには、「すぐに実現できるもの」「ちょっとがんばれば叶うもの」「かなり努力が必要なもの」「実現は限りなく不可能に近いもの」など、いろいろあるでしょう。しかし、**「実現は限りなく不可能に近いもの」でも、完全にあきらめる必要はないのです。**

私の知人女性は「馬術競技でオリンピックに出るのが若い頃からの夢でした」と話してくれました。大学時代まで馬術に打ち込んでいたものの、就職してからは練習の時間がとれなくなり断念したそうです。私に夢を語ってくれた当時、彼女はすでに50歳を超えていましたから、いくら経験者とはいえ、オリンピック出場は不可能といっていい遠い夢です。

そんな彼女に希望を与えてくれた人がいました。法華津寛《ほけつひろし》さんという馬術選手です。法華津さんは2008年に開催された北京オリンピックの馬術競技に史上最高齢の67歳で出場。その次のロンドンオリンピックにも71歳で出場を果たし、自身の史上最高齢記録を更新しました。

「法華津さんは1964年の東京オリンピックにも出場したことがある選手ですから、比べるのは失礼ですが、『70歳でもオリンピックに出場できるのだから、50歳の私にもチャンスはある』と思えた。それで、会社を早期退職して再び馬に乗るようになったんです。オリンピックはまだまだ遠い夢ですが、ローカルの試合では上位入賞を狙えるようになりました。次の目標は全日本選手権です」

繰り返しになりますが、シニアには8万時間という武器があります。だから、一度は断念した夢も、実現に向かって努力してみるといいと思います。そのために、まず夢を思い出すこと。さあ、ペンと紙を用意して書き出してみてください。

“才能とは、自分自身を、自分の力を信ずることである。”

——ゴーリキー

「一見、いい人」をやめたほうが好かれる

人間にはさまざまな性格が見られますが、「タイプC」という性格傾向がありま す。簡単に説明しておくと、タイプCの「C」は、がん（Cancer）の頭文字です。

このタイプの人には、周囲との摩擦を避けようとして自分の気持ちを抑え込む傾向があります。そのため、「いい人」という高評価を得ることが多いのですが、本心を抑え込んでいるわけですから、本人には大きなストレスがかかります。その結果、がんを発症しやすくなることから、「タイプC」が注目されるようになりました。

このことから見えてくるものがあります。それは、自分の健康を維持して元気で長生きしたいなら、「いい人」はやめて、自分らしく振る舞ったほうがいいと

いうことです。

とはいうものの、素の自分を他人に見せるのは勇気がいるものです。「素の自分を見せたら嫌われるのではないか」「自分らしく振る舞うなんて、はしたない」などと考えてしまい、結局、本心を抑え込んでしまいます。

でも、素を見せたり自分らしく振る舞うことに不安を抱いている人は意外に思うかもしれませんが、実は、**自分の気持ちを素直に口にしたり、「イエス」「ノー」をはっきりしたほうが人間関係はうまくいくものなのです。**

たとえば、ある人によく思われたいと考えて、思ってもいないことばかり口にしていると、他の人がその話を耳にしたときに、「あれ、この前言ってい

たことと違う」「あいつは八方美人だったんだ」などと思われてしまいます。

「悪事千里を走る」ということわざがありますが、悪い評判というのは、よい評判よりも世間に知れ渡るのが圧倒的に早く、こんなことを続けていると、あなたを敬遠する人が増えていきます。周囲に敬遠されるのは大きなストレスになり、本心を抑え込んでいたストレスとあわせてダブルパンチ。心身に及ぶ悪影響は計り知れません。

また、「私は口下手だから、相手の話を聞いてうなずくくらいしかできません。それが誤解を招くのかも……」などと、何も自分の意見を言わない人がいますが、それは言い訳ではないでしょうか。実際には口下手なのではなく「自分の本心を話すと嫌われてしまうから、うなずくだけにしておこう」と思っているのではありませんか。

本心を話しても話さなくても嫌われてしまうのなら、口を開いて自分をさらけ出したほうがストレスは少なくてすむはずです。

「周囲からは真面目だと思われていますが、実際には間抜けな失敗ばかりしている三枚目なんです。話題にできるのは失敗談ばかりで、真面目というイメージが崩れてしまうので、口を閉じています」

こんなふうに言う人もいます。たしかに、自分の素をさらけ出して失敗談や笑い話を口にするのは勇気がいるかもしれません。しかし、失敗談や笑い話は周囲の心を和ませてくれます。逆に、むっつりと黙っている人のほうが、実は敬遠されがちです。

『ゼクシィ』という結婚情報誌のアンケート結果を見ると、「二枚目」の男性が好きと答えた女性が24パーセントだったのに対し、「三枚目」は76パーセントと圧勝でした。

人は本能的に「リラックスできる人と一緒にいたい」と思うもの。つまり、失敗談を口にするほど、好感度はアップするわけです。自分のイメージが崩れることなど心配しないで、どんどん口を開きましょう。

“自分に誠実でないものは、決して他人に誠実であり得ない。”
——夏目漱石

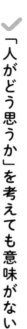

「人がどう思うか」を考えても意味がない

「友人が自家用車を買ったから、自分も買った」

「同期がマイホームを手に入れたと聞いたので、それより会社に近いところに家を買うことにした」

「幼なじみが結婚したから、お見合いの回数を増やした」

このように、若い頃は友人や知人、幼なじみなどの様子が気になって、競う気持ちも起こりがちです。その結果、金銭的に無理なことや不本意なこともしてきたのではないでしょうか。とくにバブル時代を現役で経験した世代は、後悔したこともよくあったはずです。

何度もこんなことをしてきたのは、自分に自信が持てず、周囲にいる人や世間と自分を比べる「目線」を抑えられなかったためでしょう。

しかし、還暦を迎える年齢になれば、本当の自分が見えてきたはずです。それ

これについては、私の後輩医師の経験談が参考になると思います。

「子どもの頃にスーパーカーブームを経験したからか、いつかは自分でもスーパーカーに乗りたいと思っていました。そのために少しずつ貯金をして、50歳を過ぎてから、ようやく真っ赤なスポーツカーを手に入れたんです。

ところが、それからというものは、気持ちが重くてしかたなかったんです。どこかへ出かければ事故に遭うのではないかと心配になりますし、故障が怖くて長距離も走れない。駐車場に止めておくと、イタズラされるのではないかと気が気じゃない。仕事にも身が入らず、このままだと診療ミスをしそうな気がして、思い切ってそのスポーツカーを手放すこ

とにしたんです」

寂しい思いもあったようですが、それよりもホッとした気持ちのほうが大きかったそうです。

彼にとって真っ赤なスポーツカーは必要なものではなかったのでしょう。必要がないものを手に入れてしまったため、対応に困り、苦しむようになったのです。

この本を読んでくださっている人の多くは、彼と同じように50歳を超えていると思います。そのくらいの年齢になったら、本当に必要なもの、必要な気持ちだけを大切にして生きたほうがストレスは少なくてすむと思います。

「せっかく手に入れたものは捨てられない」という人もいます。でも、**潔くどんどん手放してみると、お荷物だったことがわかるはずです。**

「起きて半畳寝て一畳、天下取っても二合半」という言葉があります。生活に必要な面積はわずかで、一回に食べられる量にも限界があるという意味で、人が生きていくうえで、必要なものはさほど多くはないということです。

必要以上に多くを望んでも、結局使い切れずに負担になり、落ち着かなくなる

も証明されていて、**摂取カロリーを20パーセント制限すると、体重や血圧、血糖値などが低下するだけではなく、寿命が延びる**とわかっています。

ちなみに、英語にも「軽めの食事は健康によい（Light suppers make long life)」という、よく似たことわざがあり、この考え方は万国共通のようです。

それはさておき、私はこの「腹八分目」という考え方を食事だけに当てはめるのはもったいないと思っています。仕事や趣味などあらゆることを八分——つまり、「人生すべて腹八分目主義」でいけば、気持ちはずいぶんとラクになるのではないでしょうか。

第1章で、故・松原泰道禅師は「三しない」を心がけていたという話をしました。この「三しない」は「無精をしない」「無理をしない」「無駄をしない」ですが、ここで注目したいのは2番目の「無理をしない」です。

若い頃は病気ひとつしたことがなかったという人でも、年を重ねれば次第に体力や免疫力は弱っていくもの。疲れも、簡単にとれなくなっているはずです。

ところが、気持ちだけはほとんど変わらないため、どうしても若い頃と同じ無理をしがちです。そんなことをしていたら体が持ちませんし、「できない」という現実を突きつけられて、「もう歳だ」「情けない」というネガティブ思考に陥るようになります。

そして、このような**ネガティブ思考は、コルチゾールという悪玉ホルモンの分泌量を増やすことがわかっています。**この悪玉ホルモンは脳の働きを急激に悪化させますから、シニアにとっての大敵です。

コルチゾールの分泌量を増やさないためには、幸せな気分を味わうのが大切だとされています。

目標を達成できれば幸せや満足感を味わえてバンバンザイの気分になるのですから、あらかじめ目標値を80パーセントに下げておけばいいのです。

「ずるい考え方」と思うかもしれませんが、ゴルフにもハンディキャップがあるように、年齢によるハンディキャップがあってもいいと思いませんか。

たとえば、現役時代に週40時間働いていたなら、再就職後はその80パーセントの32時間程度に留める。年に5回は旅行に行っていたなら、それを4回にする。

スポーツをする人は、今までより目標を2割低くする。どこが目標なのかわからない場合は、「もう少し続けたい」と感じるくらいのところでストップすればいいでしょう。

するると、息切れしないで目標を達成でき、「60歳になったけれど、まだまだイケる」というポジティブ思考が生まれ、脳も活発に働いてくれるわけです。

実は、この「人生腹八分目主義」というのは、医師として大先輩にあたる斎藤茂太氏のアイデアです。茂太氏はさらに、**年をとるにつれて八分目主義を七分目、さらには六分目主義へと次第に下げていくべきだ**と語っています。これは、人生の最後まで高い満足感を持ち続けるための極意だと思います。

エネルギーと力に満ちていた若い頃とは違うので

す。でも、それを悲観することはありません。目標を少し下げるだけで、若い頃と同じ満足感を得られるのですから。

“足る事を知って及ばぬ事を思うな。”
――楠木正成

今日がいい日じゃなくても「大丈夫」

少し前に『100日後に死ぬワニ』という四コマ漫画が話題になりました。そのタイトルどおり、100日後に死を迎えるワニの日常生活が描かれた漫画で、四コマ目の下に、死ぬまでの日数がカウントされていました。

最初から「死」というエンディングが待っていることを知らせるという、今までにない展開から大きな注目を集めましたが、もともと「生きている」のは死に近づいていくことなのです。

もちろん、「平均寿命が80歳だから、あと何年で死ぬ」と正確に割り出すことはできませんが、一日が過ぎれば、それだけ死に近づいていることはたしかで、それが人間の定めです。そこで、残り時間が減りつつあると痛感しているシニア向けの本には、「一日一日を大切に過ごさなければならない」という意味の言葉が記されていることが多いようです。

たしかに、一日一日を大切に過ごすのはとても重要です。しかし、うまくいかないことや、腹立たしいこと、悲しいことが起きる日は誰にでもあるでしょう。**「一日一日を大切にしなければならない」という気持ちが強すぎると、そんな日の最後には「あぁ、大切な一日を無駄にしてしまった」というネガティブな気持ちしか残らなくなってしまいます。**

一日の終わりを、こんな気持ちで過ごすのは感心できません。眠る前にその日起きたうまくいかなかったことや腹立たしかった出来事、悲しいことを考えていると、睡眠中にその記憶が脳にしっかり刻まれてしまいます。これは、複数の情報が入力された場合、最後の情報が最も強い印象を与え、記憶に残りやすいという「終末効果」によるものです。

つまり、**ネガティブな気持ちで一日を終えてしまうと、そのことばかりが頭に残り、翌日以降も引きずってしまう**わけです。

それに加え、ネガティブな気持ちでベッドに入ると、いい睡眠がとれません。睡眠は脳を健全な状態に保つために必要不可欠ですが、ネガティブな状態では脳の働きが悪くなって、気分が落ち込んでいくでしょう。まさに負のスパイラルです。

ただ、このような負のスパイラルから脱出するのは意外と簡単です。**「明日がある」と考えればいいだけです。**たとえば「今日は残りの人生の最初の一日。だから、今日がいい日じゃなくても、明日がいい日ならいいじゃないか」と。

もちろん、失敗は反省しなければなりません。でも、同じ失敗を二度と繰り返さないと肝に銘じたら、反省は終わりにして、翌日に持ち越さないほうがいいのです。反省を終わらせても、失敗の傷は想像以上に深く刻み込まれていますから、完全に忘れることができません。だからこそ、明日はなんとしてでもいい日にしたいのです。

そのために重要な働きをするのが、エンドルフィンという脳内物質です。これは脳を活性化して元気にしてくれる物質で、物事をなるべく前向きに考えると分泌量を増やせます。だから、「明日がいい日ならいいじゃないか」と考えるのが大切なのです。

さらに、**うまくいかないことや腹立たしいことがあっても、「今日もいい一日だった」と口に出してから寝る**習慣をつければ、ますますエンドルフィンの分泌量は増加します。日記をつけている人や、SNSへ書き込むのを日課にしている人なら、最後にひと言、「今日もいい一日だった」と書き足しましょう。

こうすると、本当にいい一日だったと思えてくるから不思議なもの。一日を強制的に「いい気分」で終わらせれば、エンドルフィンの働きで心を穏やかに保てますし、心地よく眠ることもできるはずです。これなら、明日こそいい一日になるでしょう。

“過ぎ去った不幸を嘆くのは、
すぐにまた新しい不幸を招くもとだ。”

——シェイクスピア

第3章
60歳になったのだから、こう考えるのがいい

悩みは百害あって一利なし！

うまくいかないことが続いても、きっとなんとかなる

現代に生きる私たちは、世界中で起きている事件や事故、災害などをほぼリアルタイムで知ることができるようになりました。その事情は海外でも同じで、日本国内で発生した大災害の模様なども世界中に配信されています。

日本から送られてくるそのようなニュース映像を見て、多くの外国人が驚くそうです。なぜなら、日本人は災害の被害にあっても沈着冷静に振る舞っていて、暴動や強奪などを起こすこともないからです。

たしかに、海外のニュース映像では、災害後の政府の対応に不満を持った人たちが暴動や強奪を起こしているシーンを見かけますが、少なくとも最近の日本でそんなことが起きたという話は聞いたことがありません。

これはおそらく、**日本人が他国の人と比べてより勤勉で真面目なパーソナリティーを持っているため**だと思います。つらいことや苦しいことにも黙々と立ち向

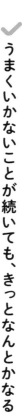

かい、我慢と忍耐を重ねても弱音を吐かない――日本人は、それが当たり前だと思っていて、それを実践する人が「立派な人」「いい人」と評価されます。

でも、必要以上の試練や我慢を自分に強いるのは考えものです。そのような生き方をしていると、**自分に課した試練や我慢をやり遂げられなかったときに自信を喪失してしまう**からです。

それよりもシニアになったら、自信を失わないことを大切にしてほしいと私は思っています。ただでさえシニアは自己肯定感（自分に価値や能力があると信じる気持ち）を失いがちだからです。

そのために大切なのが、前章でも紹介した「人生すべて腹八分目主義」です。もしそれに失敗しても、自信だけは失ってほしくないと思います。

そもそも、失敗したことがない人なんて、一人もいないはず。世界長者番付の上位に名を連ねる実業家・柳井正さんも「僕はずっと失敗してきた。今までのどのビジネスでも1勝9敗くらい。唯一成功したビジネスがユニクロです」と語っていますし、エジソンが電球を発明するまでに2万回失敗したことは有名な話です。歴史や経済に名を残す人でもこうなのですから、一度の失敗くらいで自信を失うことはありません。

失敗の経験は、成功に一歩近づいたということです。エジソンは「私は今までに一度も失敗をしたことがない。電球が光らないという発見を、今まで2万回しただけだ」と語っていますし、「失敗は成功のもと」という言葉もあります。このようなポジティブ思考にならって「今回の失敗が成功につながる」と思えばいいでしょう。こうした考え方が持てないと、脳の働きは悪くなり、人生そのものをつらく感じるようになってしまいますから、注意が必要です。

脳というのは、解決できない問題――たとえば、過去に起こした失敗についてクヨクヨ考え続けるのがとても苦手です。いつまでもそんな状態が続くと、萎《い》縮《しゅく》し始めることがわかっています。何か失敗しても「次にがんばればいい」と、とにかく前向きに考えるのが、脳と共存共栄できる方法なのです。

“苦しい時には、
自分よりもっと不幸な男がいたことを考える。”
――ゴーガン

「勇気くじき」をしてくる人とは距離を置く

定年で仕事を離れたり、体の衰えを感じると、自己肯定感や社会的承認欲求を失いがちです。その結果、自信を失って落ち込んでしまいやすいのですが、それとまったく違う反応を示す人もいます。

「○○さんって、すごい経歴の持ち主らしいですよ」「△△さんに親切にされて助かりました」というように、ほかの誰かをほめると、急に不機嫌になって、「そうでもないでしょう。あの程度の経歴の人はどこにでもいるよ」とか、「親切なのはうわべだけかもしれない。気をつけたほうがいいよ」などと全否定する人がその代表です。

心理学者のアルフレッド・アドラーは、このような反応を「**権力闘争**」と名づけました。簡単に説明すると「他人に勝ちたい」「他人の上に立ちたい」という心理です。自信を喪失しそうだから、自分を実際より強く、上位に見せようとしているわけです。

これに似た反応がもうひとつあります。それは直接、相手に対して「そんなこともできないのか」「おまえがいるから負けたんだ」「私がやるから、ほら貸して！」などと言うケースです。このような反応を、アドラーは「勇気くじき」と名づけています。

ちなみに、ここ10年ほどの間に定年を迎えた世代は、現役時代に厳しい競争にさらされてきたため、このような反応を示すことがほかの世代よりも多い傾向が見られます。すでに地域のイベントや趣味の集会で、こんなタイプの人に出会ったことがあるかもしれませんね。

こう出られたら、誰だってストレスを感じます。だからといってカッとなり、「それなら、あなたの経歴は？　さぞご立派なのでしょうね」「あなたより私のほうが上手ですよ」などと相手と戦おうとしてはいけません。**彼らが悪口を言うのは、自分の自信喪失を避けようとしているためで、最後の砦《とりで》だからです。**

「窮鼠猫《きゅうそ》を噛《か》む」といわれますが、このタイプを必要以上に追いつめてしまうと、死に物狂いで反撃してきます。その場は黙ったとしても、あちこちであなたに対する悪口を吹聴《ふいちょう》するかもしれません。

さらに注意したいのが、気がつかないうちに「勇気くじき」をする人です。なぜ気がつかないかといえば、彼らがあなたをよくほめてくれるから。ほめられて悪い気はしないでしょうが、「ほめる」というのは、上位から下位の人に対しての行為ですから、同じ立場——たとえば同じカルチャー教室に通っている生徒同士にもかかわらず、やたらとほめてくる人がいたら注意が必要です。

このように、あなたの自信を失わせようとしたり、頭ごなしに意見を否定する人がいたら、それ以上は関わらず距離を置くのが得策でしょう。

ただ、「この人は勇気くじきをする人だ」とわかっても、どうしても距離を置けない場合もあると思います。マンションの管理組合の役員を、そんな人と一緒に務めなければならない場合などです。

こんなときは、好ましくない発言を聞くたびに、**「これは、自信のなさからくる強がりなのだ。この人も必死なんだ。かわいそうに」**と頭のなかで念じて、スルーしましょう。これなら、感情が波立ったりストレスを感じることはなくなり、相手側も「この人には何を言っても無駄」とあきらめ、次第にそんな発言は減っていくはずです。

“本当に他人の人柄がわかるのは、その人と大喧嘩した時だということです。”
——アンネ・フランク

得手不得手は、誰にでもあるものです

学生時代や現役時代には「この科目は苦手だから、勉強しない」「今度の仕事

は苦手だから、誰かに代わってもらおう」というわけにはいかず、苦手を克服するために血のにじむような努力をした人もいると思います。

それは、自分を磨くためにも必要なことだったでしょう。でも、ある年齢になったら、無理は禁物です。**人が自信を失うきっかけになりやすいのが、苦手なことを無理して克服しようとするとき**だからです。

すでに勉強や仕事を強いられる年齢ではないのですから、いくら苦手を克服したとしても、それほどプラスはありませんし、血のにじむような努力をした結果、自信を失い、気力もなくなった――こんなことにもなりかねません。

どんな人にも得手不得手はあるもので、実は、あの王貞治さんもそうだったといえば、少しは安心してもらえるのではないでしょうか。

王さんは当初、ピッチャーとして読売ジャイアンツに入団しました。ところが、当時の水原茂監督に「ピッチャーでは大成しない」と諭されて打者に転向したのです。

早稲田実業高校のエースとして甲子園でノーヒット・ノーランを達成したり、選抜優勝を果たしたのですから、ピッチャーの素質がなかったわけではありません。しかし、水原監督の目には「うまくいかない」と映ったのでしょう。
王さんは、相当苦悩したと思います。しかし、結局は監督の意見を受け入れ、バッターに転向しました。その結果、「世界の王」が誕生したのです。もしピッチャーに固執して決断しなかったら、あれほどの名選手にはなっていなかったかもしれません。

あることが不得意でも、それを他人に話さず、なんとか克服しようと黙々と努力をする人がいます。しかし、シニアがこんな無理を続けていると、自信を喪失したあげく、「自分は無能だ」「もうダメだ」というようなネガティブな心理状態に陥りがちです。

自分を追いつめないために、誰にでも得手不得手があると認め、無理をしないこと。「こんなこともできないなんて……」とネガティブに考えず、「これはできないが、あれなら得意だ」と、素直にポジティブに考えたいものです。

“他人と比較してものを考える習慣は、致命的な習慣である。”
——バートランド・ラッセル

シニアには、「よい加減」を見つける技術も必要

真面目な人を非難するつもりはありません。しかし、生真面目にまでなると、ちょっと考えものです。

真面目な人とは「物事に対して真剣に取り組む姿勢」や「誠実な気持ち」を持っている人です。生真面目な人もここまでは同じですが、これに「融通が利かない」という要素が加わって、いろいろ不都合が生まれてくるのです。

とくに、歳を重ねるほど考え方に柔軟性が失われて、「若い頃から少し生真面目なところが見受けられた」という程度の人でも、シニアになると、まったく融通が利かなくなってしまうことがあります。

では、生真面目すぎるとどんな弊害があるのでしょうか。たとえば、**一度決めたことを「なんとしてでも続けなければいけない」と考え、自分を追い込んでしまう**ケースがあります。

「一度決めた」といっても、それほど深刻なことばかりではありません。たとえば、「来年から日記をつけると決めた」などがその例です。

日記を続けるのは、なかなか難しいものです。元日から書き始めたけれど、三が日で飽きてしまったという人もいるでしょう。

業務日誌ではないのですから、無理をしてまで続ける必要はありません。「久しぶりに、今日の出来事を書いておこう」という気分になるまで待てばいいと思います。

大晦日を迎えて、日記をめくってみたら20日ぶんしか書いていなかった——もし、こんな状態だったとしても、笑って、「また来年、日記を書いてみるか」と考えればいいだけです。

ところが、生真面目な人はこのように柔軟には考えられず、「なんとかして書き続けなければ」と、自分を追い込んでがんばってしまう。しかし、人は強制されると、かえって反発するものです。子どもの頃に「勉強しなさい！」と言われると、かえって勉強したくなくなったでしょう。このあまのじゃくな心の動きを

「**心理的リアクタンス**」と呼びます。

とくにこの場合は、自分で強制したことに対しての反発のために、さらに大きなストレスになり、続けるのも地獄だが、もしやめたら自分自身に嫌気が差してしまい、どちらを選んでも苦しい。たかが日記だというのに、ここまで自分を追いつめてしまうのが、生真面目の恐ろしさです。

家族や友人、知人に「生真面目すぎる」とか「融通が利かない」と言われた経験がある人は、もっと「いい加減」になってほしいと思います。

どんな高性能車でも「いつも全速力」では、あっという間に故障してしまうのと同じように、**生真面目一辺倒では心が持ちません。**生真面目な人にはがんばりすぎの傾向がありますから、「いい加減」く

らいがちょうどいい感じだと思うのです。

それでも抵抗があるなら、「いい加減」の一文字を書き換えて、「よい加減」と考えてみてはどうでしょうか。真面目さに柔軟性と融通を加えたのが「よい加減」ですから、今後はこれをモットーにしてもらいたいと思います。

“その年齢の知恵を持たない者は、その年齢のすべての困苦を持つ。”
——ヴォルテール

「必要以上にがんばらない」でいい

責任感が強いというのも、「真面目」と同じように、本来はほめられるべき特徴です。しかし生真面目すぎるのと同じで、責任感が強すぎるのも考えものなのです。

たとえば、人一倍責任感の強いシニアがマンションの管理組合の理事長を任されたとします。そして、建物の老朽化による建て替え工事の同意を集めることになったとしましょう。一般のマンションの建て替え工事には住民の5分の4の同意が必要だそうですから、たいへんな作業です。帰宅が遅い人もいるでしょうし、連日深夜まで各戸を訪ね回ることもあるはずです。

普通の人なら「ああ、疲れた。もうやりたくない」「一人ではとても無理だから、誰かに手伝ってもらおう」と弱音を吐くかもしれませんが、責任感が強すぎると、「やると言ったのだから、途中でやめるわけにはいかない」「誰にも任せられない」と一人でがんばり続け、その結果、心身ともに疲れ切ってしまいます。

とくにシニアは若い頃よりもストレス耐性が低くなっていますから、がんばって住民の5分の4の同意をとりつけたとしても、**伸びきったゴムのように回復不能のダメージを受けてしまう**かもしれません。

とくに、「○○さんは責任感が強い」「○○さんになら安心して任せられる」といった評価を受けたことがある人は要注意です。「責任感」や「がんばる」という言葉に縛られて、自分でも気がつかないうちに限界を超えてしまうかもしれません。そうなる前に「これ以上は無理」と白旗を揚げて誰かに助けを求めたり、ひと休みするようにしましょう。

フーベルトゥス・テレンバッハというドイツの精神医学者が、うつ病になりやすい人には、ある傾向があることを発見しました。それは、几帳面で仕事熱心、律儀、責任感が強いなどで、これを「メランコリー親和型（前うつ性格）」と呼びます。

最近、老人性うつが増加しています。厚生労働省の調査によると、**シニア（65歳以上）のうつ病有病率は13・5パーセントに達する**そうです。つまり、シニアの10人に1人はうつ病を抱えている可能性が高いわけです。

また、真面目で責任感が強い人ほど、老人性うつになる可能性が高いことはよく指摘されています。ところが、**真面目で責任感が強いと、自分がうつ病であることを認めたがりません。**「自分がうつ病になどなるはずがない」「がんばりが足りないだけ」などと考えてしまうのです。

実際に老人性うつと認められてもこうなのですから、その前段階で、私が「白旗を揚げて誰かに助けを求めましょう」とか「ひと休みしましょう」とすすめても、「そんなことできるわけがない」「私の評価が下がってしまう」と反発されるでしょう。

たしかに、途中で仕事を投げ出したりストップしたら、あなたの評価は落ちるかもしれません。しかし、40年近く働き続け、ようやく自分のために時間を使えるようになったのに、その矢先に心身ともに壊れてしまっては、元も子もないと思いませんか。

老人性うつもほかの病気と同じように、治療よりも予防が重要なのですから、ぜひ私のアドバイスに耳を貸してもらいたいと思います。


“活動的な無知より恐ろしいものはない。”

――ゲーテ

「がんばってるのに報われない」が、自分をいちばん傷つける

「自分の国で、努力は報われると感じているか?」という興味深い質問がありま

す。これは、国立青少年教育振興機構が、2014年に日本、アメリカ、中国、韓国の4か国の高校生を対象に行なった調査で、その結果は、**日本人の68・1パーセントが「努力しても必ずしも報われない」と思っている**という衝撃的な答えでした。

しかし日本はまだましで、アメリカと韓国は、ともに85パーセント以上が「必ずしも報われない」と答えました。

「本当に報われていないわけではない。単なる被害妄想だ」と切り捨てる人もいるようですが、被害妄想だとしても、これだけの割合が「努力しても必ずしも報われない」と考えているのは大問題です。というのも、「自分がかわいそうな立場にある」「自分だけが軽んじられている」という考え方は、心身に極めて大きなストレスを与えるのです。

それを裏づけるのが、日本、アメリカ、韓国の高い自殺率です。自殺率は国民の幸福度を知る指針ともいわれますが、OECD（経済協力開発機構）の調べで、韓国はワースト1位。**日本は先進7か国（G7）中ワーストの7位**、アメリカはそれに次ぐワースト9位となっています（人口10万人あたりの自殺者数割合の比較）。

あまり気分のよい比較ではないでしょうが、「自分がかわいそうな立場にある」「自分だけが軽んじられている」という考え方が、いかに心や体に悪い影響を与え、その結果、自殺を考えるようになることがわかると思います。

「ランチメイト症候群」という言葉をご存じでしょうか。精神科医の町沢静夫氏が名づけたもので、この〝病〟にとらわれると、学校や職場で一緒に食事をする相手がいない自分を、魅力のない人間、価値のない人間だと恥ずかしく思い、忙しいふりをして仕事を続けたり、トイレの個室でお弁当を食べたりするようになってしまうのだそうです。

たしかに、同僚やクラスメイトが連れ立ってランチに行き、あなたは誘われなければ、寂しい思いになるのはわかります。だからといって、「自分には魅力がない」「自分は価値のない人間だ」と考えるのは、極端すぎませんか。

退職して同僚とランチを摂る機会がなくなったシニアだって、油断はできません。たとえば、年金の支給額が少ないという不満を持っているシニアは少なくありませんが、企業年金がプラスされたり、資産運用に成功して現役時代よりも豊かな生活をおくっている人もいます。

そんな人と自分の暮らしぶりを比べると、どうしても「がんばって仕事をしてきたのに、なぜ自分は報われないのか」「自分はみじめだ」という気持ちがふつふつと湧き上がってくるかもしれません。

こうした考え方に心を蝕《むしば》まれないためには、他人と自分を比べないのがいちばん。**いまさら自分以外の人間にはなれないのですから、他人と比べるのは無意味です。**

そもそも、物質的な充実度と幸福度にはそれほど関係がないことがわかってい

に傾きがちです。

それは当然の反応なのですが、前項でも話したとおり、ネガティブな思考はセロトニンの分泌を減らし、心身に大きな悪影響を与えるばかり。なんとかポジティブな気持ちを取り戻したいものです。

そんなときに試してもらいたいのが、**頭のなかに渦巻いているつらい気持ちを紙に書き出す**ことです。

ただし、真っ白な紙を使うのはやめましょう。もったいないだけでなく、真っ白い紙に書かれた文字では、そのことを余計に意識するようになりがちです。むしろ、新聞に入ってくるチラシや、ポストに毎日投函される広告を集めておき、それを利用することをおすすめします。こうした目的があれば、それまでは腹立たしく感じていたチラシや広告もあり

がたく思えますから、一石二鳥です。

そして、**できるだけ太いフェルトペンを使って、思い切り書きつけてください。**

「年金が振り込まれたが、こんな額で生活できるか！　今の政権は退陣しろ！」

「何時間も待たされたあげく、診察はたったの3分。ふざけないでほしい。私の貴重な時間を返して！」

など具体的なことでもいいですし、気持ちが塞ぎ込んでいるなら「憂うつだ」と何十回も書くのもいいでしょう。

こうしてネガティブな言葉や気持ちを思う存分書いたら、その紙はビリビリに破ってゴミ箱へ投げ捨てましょう。一度で気がすまなければ、何度も書き、それを何度も破って捨てます。こうすると「もう十分」「すっきりした」と感じるときがくるはずです。

子どもだましと思うかもしれませんが、実は、これは心理学を応用した**「感情のラベリング」**という立派な対処法です。「感情のラベリング」は、自分が感じている気持ちを言語化して見えるようにすること。こうすると、ストレスに感じていることやネガティブな感情に対処しやすくなるとされています。

精神的トラウマや、何かに対する恐怖症をやわらげる治療法にも利用されていて、ネガティブ思考を吹き飛ばすくらいは簡単なことです。

「気持ちを書き出すことなら、日記で毎日やっている」という人もいるかもしれません。しかし、**日記帳を「感情のラベリング」に使うのはあまりおすすめできません。**

なぜなら、日記帳は読み返せるからで、久しぶりに昔の日記を開いたとき、書いたことさえ忘れていた罵詈雑言《ばりぞうごん》が目に飛び込んできたら、「なんとひどい言葉遣い！」「こんなことを考えていたなんて……」と、自己嫌悪に陥ってしまうでしょう。

しかも、日記帳は誰かに読まれる可能性もあります。それを考えると気になり、それがまたストレスになります。ネガティブなことをチラシに書いてビリビリに破って、ゴミ箱に捨てるという方法は、意外に効果的というわけです。

“今日は今日だけのことを考えるにとどめ
いちどに何もかもやろうとしないこと。”
——セルバンテス

愚痴をこぼせる相手がいるかどうか

寿命が延びるのは喜ばしいこと……のはずです。ところが、内閣府が5年に一度行なっている「高齢者の生活と意識に関する国際比較調査」（2015年）の結果を見ると、そうともいえないようなのです。

世界銀行のデータによると、日本人の平均寿命は香港に次ぐ第2位です（男女あわせた平均寿命で比較しているため、厚生労働省等のデータとは異なります）が、**「現在、日常生活で悩みやストレスがある」と答えたシニアの割合は、60・6パーセントと過半数を超えていました。**ところが平均寿命が18位のスウェーデンの場合、43・0パーセントに留まっているのです。

つまり、平均寿命が長い日本のシニアのほうが、悩みやストレスが圧倒的に多いということです。

たしかに、歳を重ねれば悩みは増えていくでしょう。蓄えは減っていくのに、健康面での不安は増すばかり。子どものことがまだ心配だという人もいると思います。

そんな日頃の悩みを誰かに話せば愚痴になり、話したところでお金が増えるわけでも、病気が治るわけでもありません。まして、スネかじりの子が急に自立してくれることもありません。それで、「愚痴をこぼしてもしかたがない」と考えるのでしょう。とくに、男性にこの傾向が強く見られます。

愚痴は相手に対して「アドバイスがほしい」という積極的な気持ちを持つことはほとんどなく、ただ「自分の主張を聞いてほしい」だけです。だから、現役時代に愚痴をこぼすのは好ましくないことだったのかもしれません。

しかし、会社を退職してシニアといわれる年齢になったら、心の健康を維持するためにも、愚痴をこぼせばいいと思います。「感情のラベリング」と同じように、**ネガティブな気持ちや言葉をすべて吐き出すと、「カタルシス効果」があります。**あのフロイト博士も治療に使っていたほど効果のある対処法です。

ただし、誰にでもこぼせばいいわけではありません。愚痴の相手は、おそらく同年代になると思いますので、それなら女性シニアがいいでしょう。というのも、男性シニアは愚痴を聞くことに向いていないのです。

愚痴を聞くのは、脳にとってかなりストレスになりますが、男性は女性に比べて、このストレスにとても弱いのです。**ストレスが原因と思われる暴行傷害事件（キレてしまった）で逮捕されたシニアの男女比を見ると、12対1と圧倒的に男性が多い**ことからもわかります。

これに加え、男性は愚痴を最後まで聞いていられずに、「グチグチ言ったからって、状況が変わるわけじゃないよ」「そんなこと考えるだけ無駄」などと、話の途中で結論を言ってしまいがちです。

「カタルシス効果」は、自分の心のなかにあるネガティブな気持ちや言葉をすべて吐き出すことで効果が得られるのですから、話を途中で切り上げられて批判されると、かえってストレスが増えるばかりです。そこで、いざというときに愚痴を聞いてくれる女性シニアとの関係を大切にしておくといいのです。

“友情は喜びを二倍にし、悲しみを半分にする。”

――シラー

第4章 気持ちのよいつき合いの極意

これを誤ると急につらくなる……

人とのつながりを「0か100か」で考えない

現役時代を振り返ると、仕事を中心に人間関係が築かれていたのではないでしょうか。好きになれない人や人間性に問題があると感じる相手でも、「この人とつながっていれば成績を上げる（出世する）ことができる」と思えば、関係を続けていたかもしれません。

このような「無理」のためにストレスに悩まされるビジネスパーソンが多いのですが、背に腹はかえられず、つらい人間関係にも耐えるしかなかったのでしょう。

しかし、退職が目の前に迫っていたり、すでに退職したら、こうした無理をする必要はありません。

自分の好き嫌いを最優先して、気の合う人とだけつき合えばいいと思います。**それ以外の人から誘われたら、きっぱり断っていいのです。**

これが徹底できれば、人間関係で過剰なストレスを溜め込まなくなると思うのですが、なかには「つき合いたくない人を避けていたら、いつのまにか周囲から孤立してしまった」というケースもあります。もちろん、自分で望んで孤独な生活を楽しんでいるのならいいのですが、望んでいないのに、誰ともつながりを持てなくなってしまったというのは問題です。

これは主に、つき合いたいかつき合いたくないかを、0か100かという極端な考え方で判断したために起きることでしょう。

仮に、「Aさんは、考え方があまり好きではないのでつき合わない」「Bさんとは価値観が同じようなので、つき合いたい」と考えているとしましょう。でも、Bさんがあなたとつき合いたいと思っているとはかぎりません。その結果、Bさんからは距離を置かれ、Aさんとも疎遠になって孤立してしまうというわけです。

こんな悲劇を招かないためには、ちょっと曖昧《あいまい》に感じるかもしれませんが、**好き嫌いを決めつけない**ことです。

前の話では「Aさんは、考え方があまり好きではないのでつき合わない」と考えていますね。これも「あまり好きではない＝つき合わない」という決めつけです。もしかすると、初対面でAさんにあまりよい印象を持てなかったのかもしれませんが、「第一印象はあまりよくなかったけれど、つき合ってみるといい人だった」というのはよくある話です。

そもそも、**人とのつき合いというのは、グレーゾーンで成り立っているもの。**学生時代には、多くの人に親友と呼べる相手がいたはずです。その人のことを思い返してみてください。一度や二度は、考え方や主張がぶつかってケンカをしたでしょう。それは、頭の先からつま先まで価値観が同じだったわけではない証拠です。

親友でさえそうだったなら、「あまり好きではない」と思う人にいきなり0点をつけて縁を切るのはおかしいでしょう。50〜60点の評価に留めておき、しばらく様子を見ることをおすすめします。

もうひとつ挙げた「Bさんとは価値観が同じようなので、つき合いたい」という考え方も、「価値観が同じようだ＝つき合いたい」という決めつけといえます。

Bさんがあなたと同じように考えているかどうかはわかりません。やはり、最初のうちはグレーゾーンで考え、しばらく様子を見たほうがいいでしょう。

“他人とは、自分自身の心を読み取ることのできるレンズである。”
——エマーソン

思いどおりにならないことを嘆くのは自分勝手

前項でも紹介しましたが、シニアのなかには「価値観が同じようだし、こちらが親しくなりたいと思っているのだから、相手も同じ気持ちに決まっている。だから、うまくいくはず」と、思い込む人がいます。

この思い込みは、「他人でも、自分の思いどおりにすることができる」と考えているためです。

しかし、多くの心理学者が**「他人の気持ちを強制することはできない」**と認めているとおり、それは大間違いです。他人を思いどおりに動かすなんてできませんし、自分の思いどおりの人でなかったからと、相手に失望したり否定するのは愚かでしょう。

自分は思いどおりに人を動かせると思い込むシニアがいるのは、現役時代に管理職や経営者を経験してきた人が多いからだと思います。「部下を思いどおりの仕事人間に育てた」と誇っている人もいますし、「取引先に、我が社の指示は絶対だとわかってもらっていた」と自慢げに話す元経営者もいるはずです。

このような**「他人を思いどおりに動かしたい」「思いどおりの人であってほしい」という気持ちの裏には「本来は○○であるべきだ」という考え方が隠れています。**「部下を思いどおりの仕事人間に育てた」と思い込んでいる人には、「部下は上司の命令を聞き、身を粉にして働くべき」という考えがあったはずです。

でも、相手の立場で考えれば、仕事やお金のためだと思って応じていただけで、あなたが現役を退いた今となっては、「やっと解放された」「あれこれ命じられるのはもうたくさん」と言っているかもしれません。

それに気づかず、定年後も「他人を思いどおりに動かしたい」とか「思いどおりの人であってほしい」と思い込んでいるなら、反発されて当然です。反発されれば、大きなストレスになるでしょう。

結局、**ストレスに追い込まれたのは相手のせいではなく、自分の考え方に原因があるのです。**

定年を迎えたら、現役時代の自分の思い込みは手放しましょう。なかなか難しそうですが、実は簡単なことです。相手に期待しなければいいだけです。

相手に期待していなければ、思いどおりに動いてくれなくても気にならず、ちょっとした共通の話題があっただけでうれしく感じるはずです。これなら、ストレスは感じないでしょう。

人の思考というのは少しずつ硬直化していきます。いつか、人づき合いにストレスを感じる日がきたら、

この話を思い出してもらえれば、心の負担を減らせると思います。

“自分の心の動きを注意しない人は必ずや不幸におちいる。”

——アラレソウス

自分の常識を「当たり前」だと考えてはいけない

『寺内貫太郎一家』というテレビドラマを知っていますか。東京・谷中で三代続く老舗の石材店を舞台にしたコメディで、平均視聴率が30パーセントをオーバーするほどの人気でしたから、覚えている人も多いでしょう。

主人公の寺内貫太郎を演じていたのは作曲家の小林亜星さんで、ドラマのなかでは「男子厨房《ちゅうぼう》に入るべからず」「家族が言うことを聞かなければ、暴力を振るってでもわからせる」という、まさに昭和のガンコ親父を演じていました。

暴力を振るうのは当時でも問題でしたが、そこを除いても、このような亭主関白が許されたり望まれる時代ではなくなったようです。それは、博報堂生活総合研究所が１９８８年から10年ごとに行なっている調査結果でも明らかです。

それによると、「我が家は亭主関白である」と答えた割合は夫・妻ともに減っていて、妻側の回答は30年間で20パーセント以上も減って19・2パーセントに、夫側にいたっては25パーセント以上減って12・2パーセントになっています。

また、「理想の夫婦像はどのようなものか」という問いに対して「亭主関白」と答えた人の割合も、妻が15・3パーセントから6・8パーセントに、夫は50・2パーセントから17・8パーセントという激減ぶりでした。つまり、寺内貫太郎のような考え方はもはや通用しないのです。

ところが、いまだに「男子厨房に入るべからず」を実践している男性シニアがいるというのでビックリです。代表的なのが、三食ともに妻が作ってくれるのが「当たり前」と考えている男性シニアです。食事だけではなく、掃除や洗濯なども妻がやってくれるのが「当たり前」と思っていませんか。

家計のために仕事をしていた現役時代ならまだしも、ずっと家にいるにもかかわらず、それが**「当たり前」と考えていると、妻が「主人在宅ストレス症候群」**

になったり、熟年離婚を切り出されるかもしれません。

また、女性シニアの場合も、「当たり前」という思い込みがあるようです。それは、「私は子育てのプロだから、お嫁さん（娘）は相談してくるのが当たり前」とか、「結婚生活の悩みがあったら、息子（娘）は私に聞いてくれるのが当然」などの思い込みです。

でも、現在は、シニア女性が子育てをしていた頃と状況がまったく変わっています。

一例があります。平成に入ってまもなくの頃に流行った育児法のひとつに「うつぶせ寝」がありました。赤ちゃんの顔を下に向けて寝かしつける方法で、頭の形がよくなるというので大人気となりました。

ところが、現在では「うつぶせ寝は乳児の突然死に結びつきかねない」と考えられており、乳児をうつぶせ寝にするお母さんはいないでしょう。

ところが、おばあちゃんが「頭の形がよくなるから」とうつぶせ寝をすすめたら、お嫁さん（娘）はどう思うでしょうか。迷惑と思われるくらいならまだましで、「私の子どもを殺そうとした」とたいへんな誤解を生み、遠ざけられるかもしれません。

シニアの経験から得た知恵は尊いものですが、時代によって大きく変わることもあるのです。 自分の常識を疑い、すべてのことを「当たり前」と思わない心がけが必要だと思います。

自分が信じている常識を振りかざさないようにすれば、家族のなかで孤立することもないでしょう。

> “他人の自由を否定する者は、
> 自らも自由になる資格はありません。”
>
> ——エイブラハム・リンカーン

「してあげたのに」「してもらったから」と思わないほうが幸せ

「この前、久しぶりに息子の病院を訪ねてみたんだよ。息子の病院といっても、元は私の病院だったんだが、少し前に譲り渡してね。隠居生活を楽しんでいたが、インフルエンザが流行してどこの病院も大忙しだと聞いたので、手伝ってやろうと思ってね。ところが息子は、『忙しい。年寄りの手伝いはいらない』と言いやがった。もう二度と手伝ってやるものかと思ったよ」

大先輩の元ドクターにこんな話を聞かされ、私はどう答えていいか困ってしまいました。なぜなら、この元ドクターのように、**「自発的に何かをしておきながら、相手が自分の考えていたのと違う反応を示すと腹を立てるのは、シニアが孤独にならないために注意すべきことのひとつ」**と、私が普段から指摘していたことだからです。

しかし、それをストレートに言えば、大先輩の血圧を上げること間違いなしなので、「そうですか。親の心子知らずですね」と言って退散してきました。

このように「〇〇してあげる（してやる）」という言葉が出てくるのは、「自分は年長者で、敬われる存在」という意識が強くなり、相手の気持ちや都合を考えられなくなっている証拠です。もっと厳しい言葉を使うと、「驕《おご》り」の気持ちが強くなっている状態なのです。

②軽率な人を、素早い人と見まちがえないこと。
③ぐずな人を重厚な人と考えないこと。
④粗忽《そこつ》な人、早合点しやすい人を素早い人と考えないこと。このような人は、いざというときに必ず慌て、失敗する。
⑤ものわからない人は、言うことがいつも曖昧になりがちである。それを慎重な人と見誤らないこと。
⑥軽率にものをしゃべる人は、有効な意見は出さない。そればかりか、憎いと思えば、立派な人の悪口を言う。反対に、自分にとって得な人のことはほめ、しかも仲がよければ、世間一般が考えて、どうかと思う人でもほめる。こういう人をできた人と見誤らないこと。
⑦自分の信条がない人は意外と強情だが、これは信念の強い人、武勇な人とは違う。

たしかに的を射た指摘ですね。でも、友だちを作るのは、仕事を任せられる人を探すのとは違うので、この逆を考えてみましょう。**あなたが気に障るところや癪に障ると感じる点を、プラスに置き換えてみるのです。**

たとえば、笑い方が大げさな人がいたら、「明るい人」「一緒にいて楽しそうな人」と考えます。また、挨拶ができない人がいたら、「人見知りでシャイな人なのかな」などと考えてみてください。

こうすると、比較的簡単に、マイナス感情をプラス感情に転換できませんか。新しく友だちや知人を作る際には参考になる考え方だと思います。

しかも、このように「自分との違い」を受け入れてつき合い始めた人とは、いい関係を結べることが心理学的にも証明されています。「相補《そうほ》性の要因」という心理で、片方に欠けている部分をもう片方が補うことで生まれる現象なのです。

ここに、笑うことさえ控えがちな、なんとも内気な2人の男女がいたとしましょう。周囲から見ると「お似合い」に見えますが、2人の関係がなかなか進展しないことは想像に難くありませんし、ずっと一緒にいると、お互いに気も滅入ってくるのではないでしょうか。

しかし、一方が笑い方が大げさな人（明るい人）だとしたら、一方が会話や行動の主導権を握り、もう一方がそれに従うという理想的なコンビになり、お互いに楽しく過ごせるかもしれません。

互いに気が合わず反発しあって仲が悪いことを「水と油」といいますが、実際の人間関係では、**「水と油だからこそうまくいく」ことは珍しくないのです。**少なくともそう考えていれば、自分と違う人がいても気に障らなくなり、イライラやストレスも減るでしょう。

“人間が馴れることのできぬ環境というのはない。”
——トルストイ

完璧にやろうと思うほど、苦しくなってしまう

現役時代の仕事社会では、常に「結果」が求められてきました。そのため目標を100パーセント、場合によってはそれ以上に設定してがんばってきた人も多

いと思います。いわゆる完璧主義者といわれるタイプです。

でも、60歳を迎えて定年が見えてきたり、すでに定年した人は、「完璧でなければいけない」という価値観を捨てたほうがいいと思います。

「完璧でなければいけない」という気持ちが強すぎると、周囲にも完璧を求めがちになります。現役時代、部下や取引先に完璧を求めたときは、「こちらの要求した仕事を100パーセント（あるいはそれ以上）達成してはじめて合格」という明らかな基準があったため、完璧かどうかを評価するのは比較的容易でした。

しかし、仕事を離れてからの「完璧」の基準は、人によってまったく異なります。それでも自分の価値観を振りかざしていると、周囲からどんどん敬遠されて、望まない孤立を招くことになります。

人間関係では、「完璧でなくてもよい」という考え方に慣れておいたほうがいいと思います。

仮に、定年後にテニスクラブへ入会し、そこで知り合ったシニアとパートナーを組み、ダブルスの試合に臨んだとしましょう。

たとえば、同世代のご近所さんが、あなたがパン好きなことを知っていて、「最近、テレビや雑誌によく出ている評判のパン屋さんって、ウチの息子の家の近くなのよ。本当においしいの」と話したとしましょう。そこで、「あら、いいわね。今度、息子さんの家へ行く機会があったら、ぜひ買ってきて」と頼んだとします。

ところが、こういう依頼というのは、頼んだほうははっきり覚えていますが、頼まれたほうはあっさり忘れがちです。

こちらは待っているのに、相手が約束をなかなか果たさない。こんなときにシニアがやりがちなのが、「あの人は約束を守らない、ひどい人なのよ」とほかの人に話したり、「もう金輪際《こんりんざい》、つき合わない」というような過剰反応です。これは相手に「プライドを傷つけられた」という思い込みによるもので、**「つき合いを絶つ」という行為で、そのプライドを回復しようとする**のです。

しかし、ここまで極端な反応をしてもプラスになることはひとつもありません。頼んだことが果たされなかっただけ、それも、パンを買った買わないの話です。その程度のことで、シニアにとって大切なご近所さんとのつき合いをやめてしまうのはマイナスが多すぎます。

そもそも、相手は「わざと約束を守らない」のではなく、単に忘れてしまっただけですから、あなたのプライドを傷つけるつもりなど少しもありません。

こんなときは、「たかがパン。まっ、いいか」と、軽く考えたほうがいいのです。そうすれば、ご近所さんとの関係も悪化せず、ストレスも感じないでしょう。

これが、不動明王が教えてくださっている「些細な出来事にいちいち動揺しない平常心を持つ」ということだと思うのですが……。ちょっと噛み砕きすぎたでしょうか。

“人間はつねに、自分が理解できない事柄はなんでも否定したがるものである。”

——パスカル

「損得勘定でつき合う」という考えから離れてみる

「社会的交換理論」という考え方があります。人の気持ちにも損得勘定が関わっているという理論で、最もわかりやすいのは遠距離恋愛かもしれません。

会社員であれば誰でも、ある日突然、地方へ転勤を命じられることがあります。たとえ恋人がいても、未婚の場合は一人で赴くしかありませんから、それ以降は遠距離恋愛ということになります。

しかし、残念ながら遠距離恋愛はうまくいかないケースが多いようです。それは、「愛情」や「幸福感」「楽しい時間」という報酬を得るためにかかる「移動時間」や「電車賃」「疲労」などのコストを考えると、お互いに「なんだか見合わない」と感じてしまうからでしょう。

人間関係がうまくいくかどうかも、この社会的交換理論で説明できます。現役時代には「ウマが合わない」「考え方が好きになれない」と感じていた人ともつき合っていたはずです。それは、「仕事の成果」や「売り上げ」という報酬と、「我慢」「ストレス」などのコストを比較した結果、「つき合うべき」という結論に達したことをあらわしています。

定年を迎えて、こうした**我慢やストレスのない立場になったはずのシニアでも、**

ときに社会的交換理論にとらわれることがあるため、注意が必要です。

とくに注意したいのが、孫との関係です。定年を迎えると今までよりも時間に余裕ができて、孫に会いたいという気持ちが強くなるようです。しかし、孫のほうは幼稚園や学校、塾や習い事、友だちとの遊びに忙しい毎日をおくっていて、なかなか時間を作ってくれません。

すると、「お小遣いをあげるから一緒に遊ぼう」とか、「プレゼントを買ってあげたよ」と言って孫の気を引こうとする人が出てきます。金品だけではなく、「言いつけを守らなくても怒らない」という甘やかしで惹きつけようとするシニアもいます。

そのようにすれば、おそらく孫は「おじいちゃん（おばあちゃん）、大好き！」と言ってくれるでしょうが、これは損得勘定の関係に過ぎません。つまり孫は、**お小遣いや甘やかしという報酬を得るために、自分の時間を削って祖父母に会いに来るというコストを払っている**わけです。こんな関係を続けていると、孫は「お小遣いをくれないなら会いに行かない」「怒るなら嫌い」という考えを持つよう

第5章 感じのいい人と言われる基本のキ

〝間違い〟を犯しやすいのでご注意！

「自分のほうが上」「自分のほうが下」と考えてもしょうがない

数人で共通の話題について話していると、突然そこに割り込んできて「自分のほうが上」とアピールを始める人がいます。

たとえば、家具の話をしていたとしましょう。

「うちの家具はすべて○○なんですよ。安いし品質もいい」

「あそこの家具って、自分で組み立てなければいけないんですよね」

「そうなんですよ。それが唯一で最大の欠点かな」

「やっぱり……私は不器用だから無理ですね」

「そんなことありませんよ。マニュアルが付いていますから」

「なるほど！」

と、こんなふうに○○の家具の話で盛り上がっていると、横から近づいてきて、

「○○の家具は品質がねえ。安かろう悪かろうでしょう。だからうちはすべてイ

タリア製で揃えているんですよ。ソファ一脚で100万円以上しましたが、やっぱりイタリア製はいいですよ」

これでは「○○の品質がいい」と最初に言った人の面目は丸つぶれですが、このタイプの人は、そんなことはまったく気にしません。それどころか、みんなが呆れていたり、不快な表情を浮かべていても、自分だけ楽しそうに自慢話をし続けます。

と、ここまで聞いて、この人にどんな印象を持ちましたか。

当然、「困った人だ」「近づきたくない人だ」と思ったでしょう。

ところが、**シニアには、このような「困った人」になる可能性があるのです。**

「自分のほうが上」のアピールをしたがる人には、言うまでもなく「優越感に浸りたい」という気持ちがあります。そして、そうした気持ちが強くなるのは、現状に満足していないことをあらわしています。

この場合の「満足」は、金銭面や人間関係だけではなく、体力・気力も含まれます。どんなに元気なつもりでも、60歳を過ぎれば体力・気力は確実に衰えてきますから、ほとんどの人が「現状に満足していない」わけです。その不満を「自分のほうが上」アピールをして、優越感を得て、埋めようとする傾向があります。

反対に、「自分のほうが下」のアピールが強い人もいます。わかりやすいのが「どうせ」や「私なんて」という言葉をすぐに口にする人で、これは強い劣等感を抱えている証拠です。

そもそも、劣等感というのは客観的な考えではなく、自分の「思い込み」に過ぎないことが多いのです。もっと簡単にいえば、勘違いということでしょう。

「自分のほうが上」「自分のほうが下」というアピールをやめるには、他人と自分を比べないことです。先ほどの家具の話の場合なら、「ウチの家具はイタリア製だから○○より値段も品質も高い」と比べるから、問題が起きるわけです。

「どうせ」や「私なんか」という言葉が出るのも、「相手のほうが恵まれている。それに比べて自分は……」と比較をするからです。

しかし、生活スタイルも価値観も人それぞれで、自分を基準とするのは間違っていると思いませんか。「そんな生活もあるんだ」「そんな考え方もあるのか」と、笑顔でみんなの話を聞いていればいいと思います。

“持論を持てば持つほど、
ものごとが見えなくなる。”
――ヴィム・ヴェンダース

「我を通す」ことにエネルギーを使わない

蓮如上人《れんにょしょうにん》という僧侶がいます。室町中期（15世紀）に諸国を歩き、一般の人にもわかりやすい言葉で浄土真宗の教えを説いて多くの信者を集めました。そのため、浄土真宗中興の祖ともいわれています。

この蓮如上人が残した言葉に「王法は額にあてよ。仏法は内心に深く蓄えよ」というものがあります。私は仏教について学んだ経験があるため、ストレートに「人々に信仰（仏法）を無理に押しつけてはいけない。なぜなら、彼らにはすでに守っているきまり（王法）があるためだ。それらを尊重したうえで、信仰を伝えなければならない。信仰が大切なことは言うまでもないが、それは心の奥底にあればよいもので、それを押しつけすぎると結局うまくいかなくなる」という意味だと解釈していますが、作家の五木寛之さんは、はるかにわかりやすく、**「世間の風に流されて自分を見失ってはいけないが、だからといって無理に我を通しすぎても結局うまくいかない」**と説明しています。

自分で気がつかないうちに、シニアがこれと似たことをやっている場合があります。**「法律を守っているのだから、なにがなんでも自分が正しい」**という考え方です。

たとえば、道路を渡るときを考えてみましょう。日本の道路交通法では、歩行者は最も優先されるべき存在とされています。だからといって、横断歩道も信号もない幹線道路を「歩行者は最優先」とつぶやきながら左右も見ずに渡ったら、かなり高い確率で自動車にひかれてしまうはず。

当然、事故を起こした自動車の運転手が罰せられるでしょうが、それで自動車にひかれた痛みが消えるわけではなく、場合によっては命を失うかもしれません。これが五木さんのおっしゃっている「無理に我を通しすぎても結局うまくいかない」状態でしょうか。

私の知人で、地方で地区長を務めている人がいます。その地域はリゾートとしても人気で、定年後に都会から転居してきたシニアが増えているそうです。そして、その影響でちょっとしたトラブルが起きているといいます。

「ウチの地区では昔から毎月1回、住民全員で側溝の掃除や草刈りをやることになっているのですが、新しく引っ越してきた人のなかには『そんなこと聞いていないから、参加しない』『参加しなくても法律違反じゃありませんよね』などと言って、応じてくれない人がいて、困っています」

たしかに法律違反ではありませんが、こんなことを主張していると、トラブルが起きるのも当然でしょう。

「今年の冬は、経験したことがないほどの大雪に見

舞われました。普段は滅多に雪などないので、役場も除雪機を持っていないんです。そこで、重機を持っている有志たちが、燃料代自前で除雪をしてくれたのですが、掃除に協力しない家の前の雪だけは誰も動かさなかった。当然、区長の私にクレームが来ましたが、私は重機を持っていないので、『有志が厚意でやってくれたことなので、苦情を言われましても……。もし、お困りでしたら役場に相談してみたらいかがでしょうか』としか言えませんでした。意地悪と言われればそれまでですが、雪を残した連中の気持ちもわからないではありません」

前にも述べたとおり、人とのつき合いというのはグレーゾーンで成り立っているものです。だから**「法的に正しい」**とか**「義務はない」**という言葉を自分の都合で振りかざしていると、やがて孤立を招くことになる**でしょう。

そうならないためには、相手の気持ちや立場なども考えて、柔軟に対応する必要があると思います。

"賢明に世俗的であれ、世俗的に賢明であるな。"

——フランシス・クォールズ

ついつい、「〜ねばならない」「〜すべき」を使っていませんか？

もうひとつ、シニアがやりがちなことがあります。自分の考えが絶対的に正しいと思い込み、それを他人に押しつける言動です。

無意識に「〜ねばならない」「〜すべき」という言葉を使う頻度が高くなっていたら要注意です。この言葉は、**「私の言っていることに間違いはない」「相手が間違っているから正さなければ」という考えが強くなっている**ことをあらわしているためです。

また、「最近、知人との話が噛み合わなくなった気がする」「話をしているうちに、なぜか腹が立ってきた」と感じたら、危険信号です。

もしかするとあなたが考えているとおり、相手が間違っているのかもしれません。しかし、人は間違うものであり、そもそも完璧を求めるのは無理です。

「それなら、なおさら教えてあげなければ」という使命感を持つかもしれませんが、いちいち相手の間違いを正していたら、「大きなお世話だから、放っておいて」「あの人は口やかましいから、近づきたくない」と、敬遠されるようになるでしょう。

そうなりたくなかったら、前に紹介した蓮如上人の言葉を思い出して、こんなふうに考えてみてください。

「たとえ自分の考えが正しいとわかっていても、他人に自分の考えを押しつけてはいけない。なぜなら、相手にはすでに信じている考え方がある。それを尊重したうえで、自分の考えを伝えなければならない。事実が大切なことは言うまでもないが、それは自分の心の奥底にあればいい。押しつけすぎると、結局はうまくいかなくなる」

こう考えると、かなりラクな気持ちで他人と接することができるはずです。

もしどうしても、相手の誤りや考え方を正さなければならないなら、**「小耳にはさんだのだけど……」「私もつい最近知って」などの前置きをして伝えてみましょう。**相手を刺激せずにすむはずです。

それでも相手が自分の主張を貫こうとした場合にも、「なるほど、そうなんだ。

きっと、あなたの言っていることが正しいんだろうね。世の中には適当なことを言う人がいるもんだ」と、自分ではなくほかの人が間違っているというニュアンスを伝えられるので、悪い感情を抱かれる心配もありません。

そんな奥歯にモノがはさまったような言い方では、こちらにストレスが溜まる、と心配する人もいるかもしれません。しかし、これは第4章で紹介した「無罰型の断り方」と同じように、最もストレスがかからない対応法です。

ストレートに「あなたの言っていること（考え）は間違っている」と言ったほうがストレスは少なそうですが、こんな「他罰型」の言い方では相手に悪感情を抱かれ、最終的なストレスはより大きくなります。たとえ正しいことでも、オブラートで包むように控えめに伝えるのがいいのです。

現役時代に同僚と出世争いをしたり、ライバル会社に勝とうとしていたときには、目を皿のようにして相手の弱点やミスを探し、それを利用していたかもしれません。でも、それは遠い昔のこと。今は、些細な考え方の違いやミスを見聞きしても、鬼の首を取ったような態度をとる必要はないのです。**まずは「なるほど」**

と、相手の意見や考えを聞いてあげましょう。

世の中には、自分とは違う考え方をしていたり、違う価値観で生きている人がたくさんいます。だからこそ社会は成り立っているのであり、面白いのです。もし自分と同じ考えの人ばかりだとした、ちょっと不気味だと思いませんか。考え方の違いや間違いを目の当たりにしても、やんわりと正す柔軟な心を持っていてほしいと思います。

“強く激しい言葉は、
その人の主張の根拠の弱さを示す。”
――ヴィクトル・ユーゴー

微妙な距離だからこそ、この配慮が必要

「友だち」と聞くと、おそらく学生の頃からつき合ってきた、何もかもわかりあっている存在を真っ先にイメージするのではないでしょうか。

しかし、**このイメージがあまりにも強すぎると、ある年齢になってからの友だ**

ち作りがうまくいかなくなる心配があります。

もちろん、ある年齢になってからできた友人とも「何もかもわかりあえる」関係を作ることは可能かもしれません。しかし、それはあくまでも「ゴール」です。シニアが新たな人間関係を構築する場合には、ゴールよりもスタートの仕方に気を配る必要があります。

スタートの際に最も大切なのは、人との距離感を見誤らないこと。

たとえば、これは以前にも触れましたが、「○○さんとは価値観が同じようだし、私が友だちになりたいと思っているのだから、○○さんも同じ気持ちに決まっている。だから、うまくいく」と自分勝手に思い込んでしまう人もいますし、「相手のことを

なんでも知っていなければ親しくなれない」と考える人もいます。

こうなると、初対面だったり、それほど親しくない関係にもかかわらず、プライベートなエリアにどんどん踏み込んできたり、あれこれ個人情報を聞き出そうとしがちです。

若い頃は考え方が柔軟でしたから、そんな乱暴なアプローチでも受け入れられたかもしれません。しかし、シニアの場合は、すでに自分の世界ができあがっています。

人に対する好き嫌いがはっきりしていたり、よく知らない人には絶対に立ち入ってほしくないという部分を持っていたりするでしょう。さらに最近では残念なことに、他人に対して警戒する風潮も強くなっています。

そうわかっていても、自分のことは完全に棚に上げ、周囲のシニアがそんな気持ちでいるとは思わずに、人間関係の距離感を見誤って飛び込んでしまい、相手に不審に思われることもあるのです。

そもそも、若い頃からつき合っている親友でも、最初はお互いのことがよくわからなかったはずです。親友という存在になるまでには、少なくとも数年、長ければ数十年という歳月がかかったでしょう。

とくに年齢を重ねた人は、自分の世界ができあがっていますから、親交を深めるにはなおさら時間がかかるはずです。

「この人と友だちになりたい」「この人なら親しくなれそう」と思える人があらわれても、そのために、ゆっくり距離をつめていくほうが賢明だと思います。

さほど親しくない相手に対しては口にしないほうがいい話題があることを知っておきましょう。代表的なのは、次の5つです。

◎お金について

シニアにとってお金は最大の関心事ですが、他人に知られたくないことでもあります。「貯金はいくらありますか」「どれくらい年金をもらっていますか」などと聞くと、確実に敬遠されます。

◎過去の仕事について

有名企業に勤めていた人や高い役職に就いていた人は、聞いてもいないのに「私は○○商事で……」などと話すものです。つまり、話したければ黙っていても話しているということ。過去の仕事について触れない人は、触れられたくないということでしょう。

◎宗教について

これは世界的にもタブーとされている話題です。宗教については、いろいろな考え方がありますから、話題にするのはやめましょう。

◎容姿について

容姿の話題を出していいのは、それこそ何十年ものつき合いで、お互いにわかりあっている相手に対してだけです。たとえあなたが相手について「カッコいい」と思っていても、本人はそこをコンプレックスに思っていることもあるため、容姿については話題にしないことです。

◎家族について

家族のことを根掘り葉掘り聞かれると、「なんだか詮索されているみたい」と感じませんか。家庭環境が複雑な人もいますし、あまり話したくないと考えている人もいますから、そうした話題も避けたほうがいいでしょう。

“むやみに質問することは紳士間の会話ではない。”
——S・ジョンソン

たわいのない会話が相手の心をときほぐす

日本には昔から「自分の感情を人前であらわにするのは好ましくない」という社会通念があります。これが徹底されているためでしょうか、外国の人には「日本人は無表情で、何を考えているかわからないね」と言われます。

実は、どれくらい日本人が感情をあらわさないかを調べた研究者がいます。日本人とアメリカ人にさまざまな条件で映画を見せ、その際の表情を比較してみたのです。

すると、一人で映画を見ているときは、日本人もアメリカ人と同じ表情を見せることがわかりました。ところが、何人かで一緒に見ている場合、**日本人は不愉快な表情を抑えようとし、愉快な表情は逆に誇張する**傾向が見られたそうです。

つまり、その場の雰囲気や周囲の状況にあわせて感情の表出をコントロールしているわけで、これでは、外国人が「日本人は何を考えているかわからない」と感じるのは当然でしょう。

しかし、「何を考えているかわからない」と感じているのは日本人同士でも同じです。ある出来事からしばらく経ってから、「あのとき、本当は○○してほしいと思っていたんだ」「あんなことを言われてとても悲しかった」などと言われて驚いた経験がありませんか。

「そのときに正直に話してくれればよかったのに」と言うと、ほとんどの場合、

「わかってもらえると思った」という答えが返ってきます。

おそらく、日本人が「以心伝心」を最上のコミュニケーション手段と考えているためだと思うのですが、達人でもなければ、そんな感受性を持っている人はいません。もちろん、メンタルの専門家である私にも、なかなかわかりません。

それに加え、必要以上に感情を抑えていると、「なんで誰もわかってくれないんだ」という気持ちが湧き上がり、それがストレスとなって、心にのしかかってきます。

その結果、**いつのまにか不機嫌になったり、「あの人は人情味がない」「自分の気持ちを理解してくれない」などと勝手に思い込むようになるのです。**こうして「根に持つ人」ができあがるわけです。

こんな行き違いが原因で人間関係がギクシャクしたり、「あの人は些細なことでも根に持つから恐ろしい」などと言われるのは、もったいないと思いませんか。

心理学者アドラーは、「口に出して伝えなければ、他人には伝わらない」という言葉をさらに進化させて「感情を表に出さなければ、他人に自分の気持ちは伝わらない」と教えています。黙っていても周囲がわかってくれると思うほうが間違っているということです。とくに勘違いも多くなるシニア世代は、自分の感情を正直に伝えるほうがいいと思います。

ただし、自分でもコントロールできなくなるほど「怒」の感情を爆発させてしまうのは論外です。それは、今までに何度も述べてきた「キレるシニア」に過ぎません。喜怒哀楽は、常識的な範囲であらわすかぎり、良好な人間関係を保てるはずです。

とはいうものの、「自分の感情を人前であらわにするのは好ましくない」と言われて何十年も過ごしてきたわけですから、改めるのは簡単ではありません。

そこでおすすめしたいのが、**「表出的コミュニケーション」**の会話を積極的にするよう心がけることです。

会話は、「道具的コミュニケーション」と「表出的コミュニケーション」の2種類に大別できます。道具的コミュニケーションとは、情報の獲得や提供を目的とする会話で、「仕事の打ち合わせや待ち合わせの時間のやりとり」「商品を購入する際の値引き交渉」などが代表的なものです。

表出的コミュニケーションとは、自分の気持ちや感情を伝えるための会話で、「とくに用事はないが、時間ができたから電話してみた」とか、「たわいのない話」が代表的なものです。

男性シニアのなかには、まったく意味のない会話で無駄なものと思う人がいるかもしれませんが、それは、男性全般が表出的コミュニケーションを苦手にしているからです。

しかし、表出的コミュニケーションには感情を豊かにする働きがあります。「苦手」といって避けず、これからは積極的に「たわいのない会話」をしてほしいと思います。

“機知を用いるならば、喜ばすために使い、傷つけるために使うな。”

——チェスターフィールド

こんな気づかいなら相手も負担にならない

今までにも繰り返し述べてきたとおり、ネガティブな言葉を使ったり、ネガティブ思考に陥るのは、百害あって一利なしと断言してよいでしょう。

でも、ポジティブな考え方が万能で「一害もなし」というわけではありません。たしかに、そう考えたほうが気持ちが明るくなりますし、元気も湧いてきます。悲しい思い出や先の見えない不安にとらわれて落ち込むよりも、よほどいいでしょう。

でも、それは自分自身にかぎった話で、**頼まれてもいないのに周囲にやたらポジティブ思考をばらまこうとすると、迷惑になることがあります。**

親しくしていた友人が亡くなり、落ち込んでいる人がいたとしましょう。長年連れ添ってきた配偶者を失った場合もあるでしょう。こうした喪失体験はシニアの身のまわりによく起こり、老人性うつの引き金にもなるといわれていますから、できるだけ早く立ち直ってほしいものです。

そんなとき、ポジティブすぎる人は相手のペースを考えず、いつまでも落ち込んでいるのはよくないという気持ちが先行して、「悲しんでいても、奥さんは生き返らないんだから。亡くなった人のことは早く忘れたほうがいい」などと口にしてしまうのです。

もちろん悪気はなく、「なんとかして悲しみを早く和らげたい」という純粋な気持ちから出た言葉や対応かもしれませんが、言われた人にとっては迷惑以外のなにものでもなく、心も傷つくはずです。

このようなときは、ポジティブ思考を自分のなかだけに留めておくようにしたいものです。

人の心の動きというのは不思議なもので、あることを考えないようにすればするほど、かえってそれが

頭から離れなくなってしまいます。つまり、**「早く忘れて」といった類のアドバイスは、相手の悲しみやつらさをかえって長引かせてしまうかもしれません。**

ですから、「亡くなった人のことは早く忘れて」とか、「つらいことは早く忘れるにかぎるって言うじゃないか」などの言葉は、相手を元気づけるには的外れといえます。

こうした行動は、ダニエル・ヴェグナーというアメリカの心理学者が発見した心理現象で、**「皮肉過程理論」**と呼ばれます。別名「シロクマ効果」ともいいます。シロクマに関する映像を見せた人たちに「シロクマのことは絶対に考えないでください」と指示したところ、かえってシロクマの記憶が鮮明に残るのがわかった、という面白い実験に由来しています。

では、悲しい出来事が起きて沈んでいる人がいたら、どうすればいいのでしょうか。意外かもしれませんが、これまでとまったく同じように接することです。

たとえば、数か月に一度のペースで食事をする仲だったとしたら、同じように食事に誘えばいいですし、ＳＮＳで頻繁にやりとりをしていたなら、何事もなかったようにそれを続けましょう。

その際、「この店は亡くなった彼が好きだったから、別の店にしよう」とか、「彼女の旦那さんは旅行が趣味だったから、その話はしばらく封印」などという気づかいは無用です。そんなことをすれば、かえって記憶が戻ってきます。何事もなかったように、今までと同じに接すればいいのです。

感情も記憶も、自然な対応を心がけていれば時間とともに薄れていくものでしょう。

“思慮なき人は常に談ず。”
——ホーマー

安請け合いをやめていくと、ストレスも少なくなる

かつて有名企業に勤めていた人や高い役職に就いていた人ほど、過去の仕事について口にするものです。ところが、そんなことをしていると、

「実は、困ったことが起きまして……。○○さんのご紹介でなんとかしていただけないかと思い、こうして恥を忍んで相談に来た次第です」

といった頼みごとをされる可能性が高くなります。

本人にとっては、社会的承認欲求を回復するチャンス。つまり、頼みごとを聞いてあげれば尊敬されるのですから、「わかった、なんとかしてみましょう」と安請け合いして、片っ端から後輩や元部下に連絡をして頼み込むようなことになります。

しかし、現役の人にとって、いわゆるOBという人から無理を頼まれるのは嫌なものです。立場が逆転すると、それを忘れてしまうのですから、困ったものです。

しかも、後輩や元部下が渋ったりすると「このくらいの頼みは聞いてくれてもいいじゃないか」とか、「あのときの恩を忘れたのか」などと口走る人もいるのです。

たしかに、相手は先輩に恩義を感じているかもしれません。でも、恩のある人や借りがある人に、それを指摘されて見返りを求められるくらい不快なことはありません。これは、**「心理的リアクタンス（強制されると、かえってやりたくなくなる）」**という心の動きです。そして、たったひと言のために、今までの感謝の気持ちはすべて無になってしまうでしょう。

そして、頼みごとをうまく叶えられなかった本人は、「あの人は口だけ」「偉そうなことを言ってたのに」などと陰口をたたかれ、評判を落とし、望まない孤立に追い込まれるケースもあります。

「たしかに仕事関係の頼みごとを安請け合いするのは危険だが、小さなお願い――たとえば、孫が好きなミュージシャンのライブのチケットを取ってほしいくらいなら大丈夫だろう」

こんなふうに思う人もいるようですが、小さなお願いも安請け合いしないほうがいいと思います。頼まれたほうとしては、「それほど重要ではないお願いだ」と軽く考えて、すっかり忘れてしまうこともあるのです。

ところが、お願いしたほうは、どんなに小さなお願いでも覚えています。なぜなら、「約束が果たされないかぎり、記憶に強く残り続ける」という心理現象があるからです。これを**「ツァイガルニク効果」**と呼びます。

いくら記憶に残っていても、相手は遠慮して催促しにくいものですが、あなたに対する信頼感は確実に失われます。

「シニアになってからできた友だちは貴重だから、頼みごとを断ったら、嫌われてしまうのでは」と思う人もいるようです。でも、**頼みごとを断ったくらいで離れていくとしたら、あなたは利用されていただけで、それは友だちという関係とは呼べないのではないでしょうか。**そんな人なら、こちらから遠ざかったほうがいいと思います。

最後にもうひとつ。こんな面倒なことを考えなければならなくなったのは、自分の経歴を自慢げに話したことが原因だったと理解してほしいのです。シニアのつき合いでは、過去は持ち出さないにかぎります。

“人生は学校である。
そこでは幸福より不幸のほうが良い教師である。”
――フリーチェ

「人の役に立ちたい」と思ったら、途中で投げ出さない

長らく待ち望んでいた定年を迎え、ようやくのんびり過ごせるようになると、急に「社会の役に立つことがしたい」と思い始めたりします。

おそらく、人間の本能には「無為に日々を過ごしていていいのだろうか」「誰かを助けたい」「社会の役に立ちたい」という気持ちが刷り込まれているのだと思います。

この気持ちは、心豊かで優しい社会を構築するためにとても大切なものです。ただ、「人の役に立つことをやりたい」「誰かを助けたい」と考えるようになったきっかけが、自己満足という人もいます。

これは、前項で紹介した「頼みごとを安請け合いする人」のさらに上を行く極端な考え方で、**「メサイアコンプレックス」**と呼ばれます。

メサイアとはメシア（救世主）のことですが、このコンプレックスを抱く人の

多くが「自分は不幸だ」という思いを心の奥底に抱えています。でも、それを感じたくないために、誰かに救いの手を差し伸べて「不幸な人を助けることができたのは、私が幸せだからだ」と思い込むのです。

他人を援助する場合、その前提として自分自身が健全な状態になければなりません。健全というのは精神状態や健康状態だけではなく、経済状態や生活環境なども含まれます。そうでなければ、十分な援助はできないからです。

ところがメサイアコンプレックスの人は、援助をすることで自分が健全な状態であると確認しようとします。つまり、本来とは動機と目的が逆転していて、単に「自己満足」を得るために援助をするわけです。

「動機がなんであれ、人の役に立てればいいじゃないか」と思う人もいるでしょう。もちろん、「誰かの役に立つ」「誰かを助ける」ことを否定するつもりはありません。

しかし、メサイアコンプレックスの人は、手助けを始めたもともとの動機が自己満足にあるため、**「私は幸せなんだ」と満足してしまうと、たとえ手助けが中**

途半端でも簡単に手を引いてしまう場合があります。始めた動機はなんであれ、これだけは絶対に避けてほしいと思います。

「仏作って魂入れず」ということわざがあります。「たとえ立派な仏像を作ったとしても、魂を入れなければ単なる木偶《でく》（木彫りの人形）に過ぎない」という意味ですが、これが転じて、「物事は仕上げが最も重要で、それができなければ、今までの努力はすべて無駄になってしまう」という意味で使われます。

人の役に立つということも、まさにこれと同じだと思うのです。一度始めたら、途中で放り出さず、最後までやり遂げなければいけないでしょう。

最近は、日本でもボランティア活動が盛んになっ

てきました。それはとても喜ばしいことですが、残念ながら「善意でやっているのだから、自分の都合のいいときだけすればいい」という考えの人がときどき見受けられます。

ボランティアも組織で動いているわけで、参加予定の人が一人でも欠けると、たいへん困ります。もし、一度でもこのようなことをしたことがあるというなら、あなたもメサイアコンプレックスに苛まれているかもしれないので、注意してください。

厳しいことを言いましたが、「誰かの役に立ちたい」という純粋な気持ちでボランティアをしたり、誰かの手助けをしている人も、もしかすると「私も幸せを感じる。ということは、自己満足でやっているのかも……」と不安を抱いたかもしれません。

しかし、幸せを感じることが罪というわけではありません。前述のとおり、最後までやり遂げる心構えがあったり、すでにやり遂げているなら、何も思い悩む必要はないのです。

ちなみに、心理学者のアドラーも**「自分のやっていることが誰かの役に立ったと思えるとき、人は幸せを感じる」**と語っています。

“多くの事をするのは易いが、
事を永続きするのはむずかしい。”
——B・ジョンソン

他人には他人の生き方がある。じゃましてはいけない

高齢化が進むと同時に問題視されているのが「孤独死」です。といっても、国が定める「孤独死」の定義はなく、ほとんどの自治体で、どのような死を「孤独死」とするのか明確ではないようです。ちなみに、孤独死の定義を定めている鹿児島県では、「65歳以上の一人暮らしで誰にもみとられずに亡くなり、2日以上経った人」としています。

東京都監察医務院が公表しているデータによると、**東京23区内で孤独死した高齢者は過去15年間でおよそ2倍に急増している**そうです。理由はいろいろあると

思いますが、人間関係の希薄化も大きく関わっていると私は考えています。

マンション住まいの人ならおわかりだと思いますが、隣にどんな人が住んでいるのか知らないというのは普通で、エレベーターのなかで顔を合わせても、それが隣人と気づかないこともあるくらいです。

とくに男性は人づき合いが苦手な傾向があり、単身の場合はさらにこの傾向が強くなります。

そのため、近所に男性シニアが一人住まいしているのを知ると、「大丈夫だろうか」と気にする人もいる人もいるでしょう。なかには「ちゃんと食べているか心配だから、食事を差し入れてあげようか」と考える世話好きの人もいるはずです。

たしかに、近所に住んでいながら、まったくつき合わないというのはおかしなものですが、だからといって、**他人の家の生活に首を突っ込んで干渉したり、あれこれ詮索するのも考えものです。**

もちろん、厚意でやっていることはわかりますが、相手がそれを望んでいないこともあるでしょう。

私の知人もそんな一人です。彼は愛妻を亡くしたショックから10年ほど前に地方へ単身で移り住みました。できるだけ人とつき合いたくなかったので、静かな別荘地の片隅で孤独な生活をおくっていたのですが、シニアの移住ブームが巻き起こり、数年前から次第に移住者が増えていったそうです。

ほとんどの人は、先輩住人の彼に挨拶に来てくれたそうです。本来ならありがたいことなのですが、そんな人たちに対して彼は、

「ご挨拶はありがたいのですが、私はできるだけ人とつき合いたくなくて、ここで暮らし始めました。そんなわけで、今後は私に関わらないでください」

と伝えるのだそうです。

これは極端な例かもしれませんが、他人に干渉されることを嫌い、誰ともつき合いたくないと考えているシニア（主に男性）もいるのです。もし、**普段の挨拶をしたときに迷惑そうな顔をされたり、挨拶を返してくれないようなら、それ以上は干渉しないほうがいい**でしょう。

と、ここまで話しても、「ご近所さんが心配だ」という優しい気持ちを捨てきれない人もいると思います。それなら、民生委員にその人の存在を伝えてみてはどうでしょうか。

民生委員とは、民生委員法に基づいて市町村の区域に配置される民間の奉仕者で、全国に23万人以上いますから、おそらくあなたの近所にもいるはずです。

かつては、民生委員は管轄内に住むシニアの情報を自治体から得ていたのですが、個人情報保護法の施行以降、その連携がうまくいっていない地域がたくさんあります。そのため、孤立しているシニアの情報はとても貴重なのです。

民生委員が孤立しているシニアの存在を知ると、いろいろ気にかけてくれ、定期的に様子を見に行ってくれるはずです。ご近所さんを心配するあなたの気持ちも、少しは安らぐのではないでしょうか。

“己の欲せざる所は、人に施すなかれ。”
――孔子

笑顔でいるだけで、ラクになることがいくつもある

第1章で、「公的自己意識は、歳を重ねると低下する傾向がある」と話しました。でも、定年後に公的自己意識が高くなる人もいます。比較的名の知られた企業で、ある程度出世は果たしたが取締役にはなれなかった（部長どまり）。そんな人によく見られるので「部長シンドローム」というそうです。

取締役や社長にまで上りつめれば満足できたでしょうが、部長という、あと一歩のところで出世争いに終止符を打たれてしまったため、かえって現役時代が忘れられず、**「周囲から立派に思われたい」「見栄を張りたい」という公的自己意識が強くなってしまう**わけです。

シニアがやりがちなミスを、これまでにもいくつか話してきましたが、わざと眉間にしわを寄せて不機嫌そうな表情を浮かべる、いわゆる「しかめっ面」をあえて見せようとするのもそのひとつではないでしょうか。

このタイプは、しかめっ面をしていると「自分のことを実際より大きく見せら

れる」「一目置かれる（立派に思われる）だろう」という思い込みがあります。歳を重ねると、こう考える傾向が強くなりがちですが、それは「年長者は威厳を保つべき」という意識があるためでしょう。

なるほど、しかめっ面の人には近寄りにくいもの。しかし、それは「一目置かれている」とか「威厳を感じている」からというわけではなく、「感じが悪いから近寄りたくない」「こういう人に近づくと、トラブルに巻き込まれそう」と考えているに過ぎません。

笑顔を浮かべている営業マンと、しかめっ面の営業マンが並んでいたら、笑顔の営業マンの言葉を信じてしまう人が多いわけです。

名古屋大学などの研究でも、人間はわずかな怒りの表情でも敏感に察知して反応することがわかっています。これは、自身の脅威になりそうな人物をできるだけ早く検出するために人に備わっている能力です。しかめっ面は怒りの表情に似ていますから、避けられて当然でしょう。自分としては、決して望んでいない孤立を招くことになりかねません。

それに加え、思わぬ健康被害を被ることにもなります。「自己知覚理論」という心理がありますが、この心理を最もわかりやすくあらわすのが「人は悲しいから泣くのではなく、泣くから悲しくなるのだ」という言葉です。

「悲しいから泣く」のは当たり前ですが、**泣き真似をしているだけでも、悲しい気持ちになってしまうものです。**

これと同じように、しかめっ面をしていると、どうしてもネガティブ思考に陥りがちで、ネガティブ思考がコルチゾールという悪玉ホルモンの分泌量を増やすことはすでに話したとおりです。

こうした点を考え合わせると、孤立したくない、健康で過ごしたいと思うなら、しかめっ面はやめて

笑顔を浮かべることが大切です。

「面白いことが何もないのに、笑顔なんか浮かべられるものか」と言われるかもしれません。

そこで、元筑波大学大学院教授の林啓子さんが開発した**「笑み筋体操」**を紹介しておきます。これを実践して笑顔を作ってみてください。

① 両手の指先を揃え、手のひらをおでこにあてて「のばして〜い〜かおっ（伸ばして良い顔）」と言いながら、おでこを横に伸ばします。

② 両手を目の上に移し、「のばして〜い〜かおっ」と言いながら、目のまわりの筋肉をやさしく横に伸ばします。

③ 両手を頬に移し、「のばして〜い〜かおっ」と言いながら頬の筋肉を軽く左右に引っ張ります。

④ 両手で顎を包み込むようにして、「のばして〜い〜かおっ」と言いながら耳たぶのところまで顎の筋肉を伸ばします。

⑤　最後に、両手でこれ以上伸びないというところまで耳たぶを引っ張って離し、頭のなかで「い〜かおっ」と言いながら口角を引き、笑っている口もとを作ります。

ちなみに、この「笑み筋体操」を健康増進の一環として取り入れている自治体もあるほどで、ぜひ試してみてください。

“人間は笑う力を授けられた唯一の動物である。”

——クレヴィル

第6章
無理のない健康づくり、これで安心！

認知症予防、
おろそかに
なっていないか？

「暇でやることを思いつかない」がいちばん危ない

最近、テレビや雑誌で「ありのままに過ごす」「ありのままに生きたい」などのフレーズをよく目にします。そういえば、大ヒットしたアニメ映画『アナと雪の女王』の日本版の主題歌も「ありのままで」でした。

しかし、この主題歌の原題は「let it go」ですから、「ありのまま」ではなく、「何もするな」「放っておけ」と訳すのが正しいようです。

「ありのまま」の本来の意味は「偽りのない姿」「嘘偽りのないこと」ですが、最近は「癒やし」とか「無理をしない生き方」という意味で使われるケースがよく見られます。

もちろん、癒やしを求めたり無理をせずに生きるのもいいでしょう。しかし、それを口にしていいのは、人一倍一所懸命に生きてきた人、そして今も同じように生きている人だけではないでしょうか。

たとえば、定年を迎えてすでに家でのんびりしている人が「ありのままに過ごしたい」などと考えていると、どうしようもない怠け者になってしまう可能性があります。

これは**「自己成就予言」**という心理で生じる結果です。「強く思い込むと、無意識のうちに自分自身の行動や言動に影響が及び、その結果、思い込んだことが現実化する」のです。

つまり、すでにのんびりしているのに、「ありのまま」を「癒やし」や「無理をしない生き方」という意味で使っていると、ますます怠惰《たいだ》な生活態度になってしまいかねないということです。

怠惰な生活というと、「一日じゅうゴロゴロしながらテレビを見ている」という光景が真っ先に思い浮かぶかもしれません。しかし、**60歳代のテレビ視聴時間は平日が２４８・７分（4時間8分）、休日は３１５・３分（5時間15分）**と、すでに全年齢層で最長です（平成30年度「情報通信メディアの利用時間と情報行動に関する調査報告書」）。これ以上テレビの時間を増やせば、脳萎縮や脳機能の衰えが起きると指摘する専門家もいます。

勘違いしてほしくないのは、「テレビが悪者」ではないということです。悪いのはあくまで、怠惰な生活を求めてしまった自分です。たとえテレビにかじりついていなくても、怠惰な生活をおくっていると脳機能は衰えていきます。

しかも、最初に衰えるのは、高い精神活動を司る前頭葉という部分なのです。つまり、真っ先に感情のコントロールがきかなくなるということ。

これを**「感情の老化」**といい、早い人では40歳代から始まるとされていますから、ただでさえ脳全体の機能が衰え始めている60歳代では、より早く進行すると考えられます。

些細なことでキレるシニアが目につきますが、こんな出来事が急増しているのも、感情の老化が関係していると考えられています。今まで真面目に生きてきたのに、60歳を過ぎて警察沙汰など起こしたら、まさに晩節を汚すことになりかねません。

感情の老化を放置しておくと、ある意味、警察沙汰を起こすより心配なことも起こります。それは、認知症やうつ病の発症です。

すでに話したとおり、感情の老化が起きるのは、前頭葉の働きが衰えている証拠です。具体的にいうと、血流量が減ったり、神経細胞が壊れつつあるという意味です。うつ病の原因としてよく知られているのはセロトニンなど脳内物質の減少ですが、近年、**前頭葉の血流量の減少も原因である**ことがわかってきました。

また、前頭葉の神経細胞が壊れ始めると、「前頭側頭型認知症」を発症する場合があります。この認知症には「他人に配慮できない」「ルールを守れない」「激高しやすくなる」という症状が見られます。感情の老化とよく似ていると思いませんか。つまり、**感情の老化は前頭側頭型認知症の玄関口ということ。**ここでなんとかふんばらなければ、楽しい老後を過ごすこともできません。

そのためには「ありのまま」を、「人として偽りのない姿」、それも心が喜ぶ生活という意味に正しく解釈し、そのような日々を過ごすよう心がけることです。

たとえば、積極的に人を助けて、雑用をどんどん引き受けるのもいいでしょう。

今まで配偶者に任せきりだった家事を手伝ったり、みんながやりたがらない地域の仕事を進んでやるのもいいと思います。
いわゆる雑用は簡単に見えますが、実際にやってみると意外と難しいもの。とくに、今まで会社の仕事しかしてこなかった人にとっては、面倒で難しく感じると思います。でも、その面倒で難しい作業が、脳の衰えや感情の老化を防いでくれる特効薬なのです。

“生きているといえるのは、ただお前の今日が明日をもっているときだけである。”
——ガイベル

孤独感が強くなると、思った以上に大きな病気にかかる

一人暮らしというと、寂しいイメージを持つ人も多いようですが、みなが孤独感に苛まれているわけではありません。先にも紹介した広島大学の研究では、一人暮らしのシニアの65・2パーセントが「孤独感を感じていない」そうで、この結果には研究者たちも首をかしげています。

逆に、**子どもや孫と同居し始めてから、孤独感を味わうようになった**というシニアもいます。

近所に住んでいた知人もそんな一人です。彼女は数年前に夫に先立たれて一人暮らしになったのを機に、地方都市に居を構えていた息子の家へ転居しました。そこには2人の孫もいて、転居前はとてもうれしそうでした。

ところが、久しぶりに遊びに来た彼女は、元気がなく別人のようだったのです。「引っ越しの前は、孫と一緒に暮らせると楽しみでした。でも、引っ越してみると、息子夫婦だけではなく孫とも生活のリズムがまったく合わない。息子夫婦は共働きだし、2人の孫も学生なので、朝起きるとあわただしく出かけて、帰ってくるのは全員8時過ぎ。疲れ切っていて、それぞれが簡単に食事をすませてお風呂に入って寝てしまうから、会話なんてほとんどないし、私がいることにも気づいてないようです。一人暮らしをしていたときよりも孤独感を味わっています」

昔の三世代同居はちょうど「サザエさん」のように、「祖父母の家に子どもや孫が同居する」というかたちでした。しかし、最近は「子どもが親を引き取る」

というかたちが多くなっています。

つまり、親側が新しい環境で暮らすわけですが、親の年齢では新しいことに対応するのが難しく、家族の生活サイクルになじめないだけではなく、知り合いや知人も作れず、孤独感に苛まれてしまいがちなのです。

このような孤独感はとても強いストレスになります。久しぶりに彼女の姿を見て、元気がなかったと感じたのも、ストレスの影響だと思われます。

このような心の疲れが続くと、脳の働きにまで悪い影響を及ぼし、意欲や関心が失われてしまいます。「うつ状態」の代表で、これが2週間以上も続くと「うつ病」と診断される可能性が高くなります。

前にも話したとおり、老人性うつの増加が問題になっています。その原因のひとつに、このような「家族内孤独」が関係しているのかもしれません。

また、孤独感は認知症の発症リスクを高めることがわかっています。たとえば、オランダでおよそ2000人のシニアを3年間にわたって調査したところ、孤独感を味わっている人は、そうでない人と比べて認知症の発症確率が約2・5倍に達したそうです。つまり、孤独感はうつ病や認知症という、シニアが最も避けたい病気を引き寄せてしまう可能性があるわけです。

国立長寿医療研究センターの研究によると、認知症にならないためには、社会とさまざまなかたちでつながっていることが大切だそうです。具体的には、次の4項目をひとつ達成するごとに、認知症の発症リスクが11～17パーセント低くなるといいます。

□同居家族の支援がある
□友人と交流する
□地域のグループ活動に参加する
□仕事に就く

同じように、うつ病の発症率も低くなると思われますので、ありきたりと思うかもしれませんが、ぜひ実践してみてください。

“あんまり一人ぼっちの人間はしまいには病気になるもんだ。”
——ジョン・スタインベック

「些細なことにカッとする」ようになっていませんか？

加齢とともに体力は衰えていくのですが、それと同じように、記憶力も衰えていきます。もちろん私もそうで、お昼に何を食べたかパッと思い出せなかったり、資料の置き場所を忘れたりすることが年々増えています。

こんなことが続くと、ほとんどの人が「認知症になったのかもしれない」と怯えるようです。しかし、これは単に記憶力が低下しているだけで、認知症との関連はほとんどありません。

株式会社エス・エム・エスが2016年から提供している「認知機能チェッ

ク」のデータを分析したところ、**記憶力のうちで会話や読み書き、計算、その他一般的な動作などに必要な情報を一時的に記憶する能力「ワーキングメモリ」は、50歳頃から低くなり始める**そうです。

つまり、このような一般的な「物忘れ」は誰にでも起きることなので、それほど深刻に考える必要はないのです。

では、どんなことが起きると認知症の心配をすべきなのでしょうか。最も代表的な兆候は、「些細なことにカッとするようになった」でしょう。

認知症の進行にはさまざまなパターンがありますが、ほとんどに脳の萎縮が見られます。脳の萎縮で最初に影響を受けるのは、高次の精神活動を司っている前頭葉という部分です。その働きが悪くなると、感情のコントロールがきかなくなり、些細なことにもカッとするようになります。

実は、「怒り」という感情は、脳の大脳辺縁系《だいのうへんえんけい》という部分で湧き上がります。大脳辺縁系は「古い脳」ともいわれ、喜怒哀楽や情動、痛みなど、動物が生きるために必須の機能を受け持っています。つまり、腹立たしいことを経験して「カッ」とするのは、この部位の正しい反応とされています。

ただし、「カッ」とした人全員が暴力を振るうわけではありません。それは、前頭葉が「冷静になりましょう」「暴力を振るったら、警察沙汰になりますよ」という信号を出し、怒りを抑制しているからです。

ところが、**認知症が進行すると、本来は怒りを抑制してくれるはずの前頭葉がうまく働かず、「ついカッとして暴力を振るってしまった」といった事態になる**のです。

そこまでいかなくても、些細なことにカッとするようになったら、感情がうまくコントロールできなくなっている可能性があります。前頭葉の衰えが原因かもしれないので、認知症の検査を受けることをおすすめします。

内閣府が「安全な物忘れ（加齢が原因）」と「危険な物忘れ（認知症が原因の可能性）」の違いをわかりやすく説明しているので、紹介しておきます。

たとえば、「お昼に何を食べたのか思い出せない」「老眼鏡をどこに置いたか忘れた」という程度は安全な物忘れですが、「お昼を食べたこと自体を忘れた」「老眼鏡を置き忘れたことを忘れて、誰かが盗んだと考える」のは危険な物忘れになります。怒りっぽくなったのと同様に、注意するようにしてください。

“怒を敵と思へ。” ―― 徳川家康

同じ話がやたら多くなっても、まだ手遅れではない

「最近、物忘れがひどくなっている」と心配な人もいると思います。もしかすると、それは「軽度認知障害（MCI）」という状態かもしれません。

認知症の研究が進むにつれ、正常と認知症の中間の状態があることがわかってきました。「軽度認知障害」と呼ばれ、次のように定義づけられています。

- 年齢や教育レベルの影響だけでは説明できない記憶障害が起きている。
- 本人や家族から物忘れの訴えがある。
- 全般的な認知機能は正常範囲だ。

・日常生活の動作は自立している。
・認知症ではない。

どうでしょうか。記憶力がかなり低下しているという自覚はあるものの、ハッキリした認知の障害は見られません。日常生活への影響はないか、あっても軽度ですんでいるのです。

ちょっとわかりにくいので、日常生活で見られがちな様子を紹介しておきましょう。

・同じ話をすることがとても多くなった。
・物をなくしたり、貴重品の出しっぱなしがよくある。
・料理や掃除などの段取りがうまくできない。
・道に迷うことがよくある。
・親しい人の名前を思い出せない。

このくらいなら認知症とまではいえないでしょうが、軽度の認知障害かもしれません。このまま何も対策せずにいれば、年間10パーセントくらいの人には症状の進行が見られて、認知症へ進むとされています。

その反面、軽度の認知障害は薬を飲まなくてもまだ回復できる状態でもあるのです。日本神経学会によると、適切な対応を行なうことで、軽度認知障害とされた人の16～41パーセントに正常な状態への回復が見込まれたそうです。

最も大切なのは食生活の改善です。「医食同源」という言葉もあるように、食生活は健康維持の基本とされます。**ＤＨＡやＥＰＡといった、脳によい栄養を含む魚を食べるように心がけると同時に、抗**

酸化作用が認められるビタミンC、ビタミンE、βカロチンが多く含まれている野菜や果物も食べるようにしましょう。

もちろん、運動も大切です。といっても激しいものではなく、長時間できる軽度または中程度の運動で十分です。

「何十年も運動などしていない」という人は、いきなり体を動かすと怪我をする危険があるので、まずは散歩から始めてみましょう。次第に歩くスピードを速くしていき、ウォーキングやジョギングに進んでいけばいいと思います。

“人生にとって健康は目的ではない。しかし最初の条件なのである。”
——武者小路実篤

認知症は「子ども返り」。意地悪なことを言われても見捨てない

もともと「認知」という言葉には、判断、論理などの意味がありますが、「認知症」は、脳の高次の機能に障害が見られることを指します。

とくに家族や配偶者が最も困惑するのが、認知症になって意地が悪くなることでしょう。

たとえば、**世話をしてくれている人に対してつらく当たったり、言うことを聞かないというのもそのひとつです。**しかもこの反応は、関係が近かったり懸命に世話をしてくれる人に対して、より強く出る傾向があります。

私が知っているケースでも、朝から晩まで認知症になった夫の世話をしていた奥さんが、「おまえのやり方は乱暴すぎる。なんで、もっと優しくできないんだ。もう頼みたくないから出ていけ！」と怒鳴られ、本当に出ていってしまったことがありました。

奥さんは夫が亡くなるまで二度と家に戻りませんでした。もともと二人暮らしだったため、夫は施設で暮らすようになりましたが、原因が自分にあることを理解できませんでした。

そのため、亡くなるまでずっと施設の人に「妻を呼んでください」「どこへ行ったか知ってますか？」「会いたい」と言って、奥さんのことを探し続けていたそうです。

こんな反応を起こすのは、認知症によって「大人はこうあるべき」という常識が失われてしまうからだと考えられます。

かつて認知症のことを「子ども返り」と呼ぶ地域がありましたが、まさにこの言葉どおりで、幼い子が親しい人にだけわがままを言うのと同じ反応――わかりやすい言葉なら、**「甘え」が起きている**のだと思います。

原因がなんであれ、この夫は人生の最後に望まない孤立を招いてしまい、寂しく逝くことになりました。しかし、同時に奥さんも孤立し、激しい後悔の念にも苛《さいな》まれるようになったのです。数年後、私にこう話していました。

「あとから先生に『親しい人だからわがままを言っていたんですよ』と教えていただき、涙が止まりませんでした。できるものなら、短気を起こして家を出てしまったことを取り消したいです」

もしかするとあなたも、認知症の人の介護をすることになるかもしれません。そのときに、彼女のような極端な対応をしてしまうと、同じように孤立と後悔を

もしも皮肉を言うことが多くなったら……

意地悪なことを、それとなしに口にするのが「皮肉」です。残念ながら、人は加齢とともに皮肉を言う回数が多くなりがちです。これは、「私は今までにさまざまな経験をしてきたから、あなた（若い人）たちのやっていることが間違いだとわかっている」と考えることが多いためです。

歳をとると、周囲から一度や二度くらいは「皮肉を言うことが多くなった」と言われることがあるでしょう。一度や二度くらいならいいのですが、「〇〇さんは皮肉屋」という評価が定着していたら、ちょっと心配です。なぜなら、皮肉屋ほど認知症になりやすいという〝皮肉〟な研究結果が出ているためです。

イースト・フィンランド大学が行なった長期研究では、平均年齢71歳の1449人を約8年間にわたって追跡した結果、**皮肉のレベルが「高い」と判断された人は、「低い」人よりも8年後の認知症発症率が3倍に上る**とわかったのです。

こうした結果が出たのは、「皮肉屋＝笑う頻度が少ない」ためだと思われます。笑顔を浮かべたり声を出して笑うのが心身にとてもよい影響を与えるということは、みなさんも聞いたことがあるでしょう。笑いによってＮＫ細胞（ナチュラルキラー細胞）が活性化するからです。

大阪の「なんばグランド花月」で行なわれた実験でも、**大笑いをした観覧者のおよそ8割でNK細胞が増加した**という結果が出ています。

この実験にはがん患者も含まれていましたが、ＮＫ細胞はがんでさえ死滅させてしまう強力な免疫細胞で、これが活性化すれば心身を健全な状態に保てます。しかし、しかめっ面をしているとＮＫ細胞とは正反対の働きをするコルチゾールという悪玉ホルモンの分泌が促されて、どんどん不健全になっていくというわけです。

中国には「一笑一若、一怒一老」ということわざがあります。これは、「1回笑えばそれだけ若くなる。1回怒るとそれだけ老いてしまう」という意味です。皮肉屋の傾向のある人には、この「怒」を「皮肉」に変えて、**「一笑一若、一皮**

肉一老」を覚えておいてほしいと思います。

皮肉と認知症には、もうひとつ〝皮肉〟な関係があります。前頭側頭型というタイプの認知症になった人には、皮肉が理解できなくなるとわかったのです。認知症になりやすい皮肉屋さんが、他人の言った皮肉がわからなくなるというのですから、たしかに皮肉な話だと思いませんか。

皮肉にはポジティブとネガティブという正反対の2つの意味が込められているので、正確に相手の意図を理解するには、微妙なニュアンスを感じとらなければなりません。皮肉を理解するには、とても高い「脳力」が必要なのです。しかし、前頭側頭型認知症では高次の精神活動を司る脳の部位が衰え、難しいニュアンスが理解できなくなってしまうのです。

ただし、同じ認知症でも、アルツハイマー病では皮肉を理解することができるそうです。「相手は認知症だから、何を言っても大丈夫」などと考えないでください。

“精神のいちばん美しい特権の一つは、老いて尊敬されることである。”

――スタンダール

好きなテレビに興味を示さなくなるのも認知症の兆候

多くの病気には「兆候」があります。たとえば、空腹時にみぞおちのあたりが痛むのは胃がんの兆候とされていますし、急に白髪が増えると糖尿病の可能性が疑われます。また、激しい頭痛と血圧の乱高下は、くも膜下出血の危険な前兆と考えられます。

実は、認知症にも意外な前兆があることがわかってきました。たとえば、大きな声で寝言を言うようになった場合、これは**レム睡眠行動障害**という症状で、悪化すると、寝ているにもかかわらず立ち上がって歩き回るケースもあります。

また、集中力の低下にも要注意です。集中力の衰えと同時に気分が不安定になっているようなら、認知症の兆候と考えたほうがいいでしょう。

前項で「皮肉屋は認知症になりやすい」と述べましたが、「おまえが間違っている」「最近の若い者は……」「なんでもっと早くできないんだ」「うるさい、黙れ！」など、**感情的な言葉が増えるのも認知症の兆候とされています**。このような言葉を発する頻度が高くなったら要注意です。

最近、テレビなどでゴミ屋敷の話題がよく取りあげられるようになりました。ゴミ屋敷とは、自宅にゴミや不要品（本人はそう思っていない）を溜め込み、ドアや窓からもあふれているような家のことです。

ここまでひどくなくても、「捨てるべきものと捨ててはいけないものの判断がつけられなくなった」「整理整頓が下手になった」と感じたり、「不要品が多くなった」と家族に指摘されるようになったら、アルツハイマー型の兆候を疑えます。

アルツハイマー型の兆候は、ほかにもあります。

たとえば、「匂いがわかりづらくなる」という嗅覚障害《きゅうかく》です。

嗅覚というのは老化の影響を受けにくいとされていて、60歳頃までは異常が見られないのが一般的です。したがって、この程度の年齢で**「鼻が悪くなるのは年のせい」と安易に考えるのは危険です。**

日常的な動作が難しくなるのも前兆のひとつ。日常的な動作とは、たとえば「お茶をいれる」とか「電話をかける」「電気（明かり）をつける」といった、意識せずにできることを指します。

この症状は次第に悪化していき、自分の顔を洗うことも困難に感じられるようになります。今まで簡単にできていたことを難しく感じたら、専門医に相談してみましょう。

また、「60歳代のテレビ視聴時間は全年齢層で最長で、これ以上テレビの視聴時間を増やすと、脳萎縮や脳機能の衰えが起きる」と紹介しました。ところが、好きだったテレビに突然、興味を失ってしまう人がいます。

家族は「これで脳が衰えずにすむ」と喜んでいるかもしれませんが、実はその逆で、これも認知症の兆候のひとつです。同様に、ドラマなどを観ていて「あらすじがわからない」「難しすぎる」と言い出すのも、そうした兆候の場合があるため、注意してください。

“もっとも尊重せねばならぬのは、生くることにあらず、よく生くることなり。”

——ソクラテス

老後の生活で気をつけたい、セルフネグレクト

高齢者に対する虐待があちこちで報道されています。養護者（高齢者の世話をしている家族、親族、同居人等など）による虐待が、97パーセント近くともいわれています。

しかし、虐待は他人によって行なわれるものばかりではありません。信じられないかもしれませんが、自らの意思で自分を虐待するケースもあるのです。これを「セルフネグレクト（自己放任）」と呼び、厚生労働省では「介護・医療サー

ビスの利用を拒否するなどによって社会から孤立し、生活行為や心身の健康維持ができなくなった状態の高齢者」と定義しています。

セルフネグレクトも、その他の虐待と同様に増加していると考えられています。残念ながら、「支援してほしくない」「困っていない」などと言って行政の関与を拒否する傾向があるのです。

寝たきりなど、自立できていないからセルフネグレクト状態になってしまうのでは――と考えるかもしれませんが、地域包括支援センターなどの調査によると、自立生活している人が過半数を占めていて、寝たきりの人は1割未満に留まっていました。

つまり、**自分の意思でセルフネグレクト状態を作り出している人が多い**わけで、誰でもこのような状態に陥る可能性がゼロとはいえません。

そうないためには、どんな点に注意して生活すればいいのでしょうか。そのヒントになるのが「セルフネグレクト状態になったきっかけ・理由」を調べたアンケート結果です。

これによると「疾病・入院など」が最も多く24パーセントを占め、「家族関係のトラブル」（11・3パーセント）、「身内の死去」（11パーセント）などが続いています。

アメリカの心理学者トーマス・ホームズとリチャード・レイの研究によると、「配偶者の死」は人を襲うストレスのなかで最も大きなものだとか。それを100とすると、「疾病・入院など」は53、「家族関係のトラブル」も最大で73（離婚の場合）になるそうで、セルフネグレクト状態に陥る原因は「大きなストレス」にあると考えていいでしょう。

また、「別居生活」「解雇・失業」「退職」なども大きなストレスです。このような経験をしたときは、いつも以上に几帳面な生活を心がけてほしいと思います。

もちろん、家族も気を配るようにしたいものですが、セルフネグレクトにも兆候があるので、それを察知して手助けするようにしてください。

代表的な兆候は、**物事や自分の身のまわりに無関心になり、髪の毛が伸び放題になったり風呂に入らなくなる、「どうせ」「手遅れ」など、あきらめの言葉が多**

くなる、ゴミを捨てる頻度が減る（家のなかにゴミがあふれる）などです。

セルフネグレクトは孤独死につながることもあるので、十分に気をつけたいものです。

“人のいのちは心を住みかとしている。”
――ミヒャエル・エンデ

料理、折り紙、俳句……脳を元気にさせることがいちばん大事

これまで、脳の神経細胞はある程度の年齢に達すると増えなくなり、それ以降は減る一方だと考えられてきました。歳をとればとるほど脳の働きは衰えていくと思われていたのですが、米コロンビア大学のモーラ・ボルドリーニ准教授は、**79歳の人の脳内にも成長途中のニューロンやニューロン前駆細胞（のちにニューロンになる細胞）を発見した**そうです。

つまり、今までの定説より脳の老化は遅いと考えられます。たとえば、ハーバ

ード大学などの研究で、集中力がピークに達するのは43歳とわかってきました。これ以外にも「新しい情報を学び、理解する能力がピークを迎えるのは50歳前後」「語彙《ごい》力がピークを迎えるのは67歳前後」という研究結果が出ています。

「日本資本主義の父」と称される大実業家の渋沢栄一の「四十、五十は洟垂《はなた》れ小僧、六十、七十は働き盛り、九十になって迎えが来たら、百まで待てと追い返せ」という言葉は的を射ているかもしれません。

とはいうものの、ソファに横になって一日じゅうテレビを見ていたら、脳がどんどん衰えることはすでに話したとおりです。筋肉と同じように、脳も適度なトレーニングを続けなければ、高いレベルの働きを維持できません。

では、どのようなトレーニングをすればいいのでしょうか。そのヒントになるのが、先人たちの偉業です。たとえば、ミケランジェロがバチカンのサン・ピエトロ大聖堂の改築を始めたのは71歳のときでした。ピカソは91歳で亡くなるまで絵画や彫刻を制作し続け、曲亭（滝沢）馬琴が『南総里見八犬伝』を完成させたのは75歳でした。

このような高齢になっても優れた芸術活動を続けられたのは、指先を使っていたためではないかといわれています。**指先の繊細な動きにはたくさんの神経細胞が関わっていて、指先を使えば使うほど脳が刺激されて元気でいられる**というわけです。ですから、絵画や彫刻、模型作り、執筆などで、どんどん指先を使いましょう。

家族や友だちにメールやＬＩＮＥなどでメッセージを送るだけでも十分です。ただし、普段はパソコンを使っているという人もスマホで送ってみましょう。パソコンのキーボードと比べるとスマホのボタンはとても小さく、シニアは敬遠しがちです。しかし、見えにくくて使いにくいからこそ、指先と脳のトレーニングになるわけです。入力ミスが続いても、「脳を元気にするためだ」と思えば腹も立たないでしょう。

もっとクリエイティブなことをしたいというなら、俳句がおすすめです。**俳句は、景色を見たり思い浮かべながら美しい言葉を探し、さらにそれを季語を含む17文字にまとめるという、脳にとってとても高度な作業です。**

また、陶芸や彫刻などの立体的な芸術作品制作もいいと思います。無から有を生み出す作業、三次元の立体物を作ること、指先を使った細かい作業のすべてが脳を大いに刺激してくれます。

どれも苦手だというなら、折り紙を折るのもおすすめです。

子どもみたいで気が進まないという人もいるでしょうが、**折り紙は指先を使って平面の紙を折り曲げ、立体的な作品を作り上げる作業ですから、陶芸や彫刻と同じ効果があります。**

また、前にも紹介したとおり、料理もいいでしょう。料理は五感のすべてと指先を使い、さらに段取りを考えながら進めるため、脳をよく刺激するのです。

最近は栄養バランスを考慮した仕出し弁当がシニアに人気のようですが、いつまでも元気で過ごしたいなら、たまには自炊で手間をかけることをおすすめします。

“毎日の中で、一番むだに過された日は笑わなかった日である。”

——シャンフォール

第7章
常識に縛られて人生をおくる必要はない

「勝ち」「負け」を考えても意味がない

日本人はなにかというと「がんばろう」「もっとできるはずだ」「一生懸命やろう！」と考えがちです。その代表が、団塊の世代でしょう。「モーレツ社員」と呼ばれ、家庭のことはおろか自分の身のことさえ顧みず、会社と社会のために必死に尽くしてきました。

現在、60歳前後を迎える人たちは、こうしたモーレツ社員が上司や先輩だったため、やはり同じようにがんばりすぎるきらいがあるようです。

休暇をとるのが後ろめたい、定時に帰るのは好ましくない、体調が優れなくても無理をして会社へ出る、常にトップを走っていなければ気がすまない……このうち1つでも当てはまると感じていたら、あなたも団塊の世代なみにがんばりすぎだと思います。

もちろん「がんばる」のは悪いことではありません。しかし仕事に「がんばりすぎる」生き方が染みついていると、定年が見えてきたり、すでに定年した後に「がんばる」ための目標が見つからなくなり、途方に暮れるでしょう。そのあげく「誰よりも幸せになるようがんばらなければ」という考えに至る人が多いのです。

ちなみに、この場合の「誰よりも」というのは、会社の同期や友人など同世代の人のことで、つまり、幸せも争いの対象にしてしまっているわけです。

このタイプは、自分よりよい暮らしをしている同世代の人をめざとく見つけ、それを超えようと考えます。「よい暮らしをしている＝幸せ」と思い込んでいるからですが、実際には物質的な充実度と幸福感にはさほど関連がないとわかっています。

そのいい例がアメリカにあります。２０１５年の時点で、アメリカ人は50年前と比べて所得が家族１人につき１・５倍（年間３万３０００ドル）も増えたそうです。もし、物質的な充実度と幸福感が比例するとしたら、アメリカ人は50年前と比べて１・５倍は幸せになっていなければなりません。しかし、心理学者のスティーブン・ピンカーによると、「まったくそのようにはなっていない」そうです。

近くにリッチな暮らしをしている人がいたとしても、あなたより幸せとはかぎらないのではないでしょうか。「隣の芝生は青く見える」といいますが、他人の生活や持ち物は実際よりよく見えがちです。

あなたの同期がタワーマンションに住んでいて、裕福そうに見えたとしても、実際は退職金でローンを完済できそうになく、「残りのローンをどうやって払っていこう」と悩んでいるかもしれないではありませんか。

同世代の人が高級外車に乗っていて、人生を楽しんでいるように見えたとしても、実際には維持費の捻出に四苦八苦しているかもしれません。

ちょっと意地悪な見方ですが、「あの人よりも幸せにならなければ」という気持ちが湧き上がってきたら、こんなふうに「内情は火の車なのかな」「他人はわからない苦労があるに違いない」などと考えてもいいと思います。

以前にも触れましたが、日本人は他人と比べる気持ちが強すぎると思います。干支が一周する還暦を迎えたなら、そんな気持ちはこの機会に捨てて、いい意味で自分中心に考えてほしいと思います。

人生の主役は、自分自身です。しかも、人生は一度きりしかありません。それを考えたら、「幸せ」まで誰かと比べるのは、あまりにも馬鹿馬鹿しいと思いませんか。

“誰かを崇拝しすぎると、
ほんとうの自由は、得られないんだよ。”
——トーベ・ヤンソン

経済的不安とどう向き合うか

数年前から、「下流老人」や「老後破産」という言葉をテレビや新聞、雑誌などでやたらに見かけるようになりました。簡単にいえば、どちらも「高齢になってからお金に困る」という意味でしょうが、シニアの不安感を必要以上に煽《あお》っているような気がして、私は好きになれません。

なぜなら、シニアが不安を募らせすぎると、「もうダメだ」と悲観して、うつになる心配があるためです。

今までに何度も話してきたように、老人性うつは増加の一途をたどっています。その伸び率が「下流老人」や「老後破産」という言葉で、ますます高くなってしまう気がしてなりません。

しかも、このような言葉によって生まれる「悲観」は、単なる思い過ごしが珍しくないのです。**定年前後に考えた10年、20年先のことが実際に起こるかどうかなど、誰にもわからない**のですから。

ところが、「悲観」にとらわれがちな人は、「貯蓄は500万円しかないし、年金も年に75万円くらい。これでは暮らしていけないのか」などと考えてしまいます。このような暗い考えが高齢者のうつを誘発するわけですが、うつになると、さらに悲観的になるため、負のスパイラルに落ちていきます。

「あれこれ将来を考えすぎない」ことが、これからの人生には大切です。「無責任なことを言わないでほしい！」と非難されるでしょうが、60歳前後の人はがんばりすぎるきらいがありますから、「考えすぎない」くらいで十分だと思うのです。

未来は誰にもわかりません。自分が何歳まで生きられるかもわかりません。「神のみぞ知る」で、医師の私も、数日後に突然死する可能性はゼロではありません。とにかく、定年前後にあまり先のことを考えすぎても意味がないと思うのです。

「年金だけではとても生活できない」と考えすぎる必要もないでしょう。年金だけで暮らしている人の割合が5割を超えているのですから、「自分にもできる」「大丈夫」と考えてもいいのではないでしょうか。

それに加え、政府は定年延長などで70歳までの就業確保を企業の努力義務としましたから、現在の仕事を続けられる可能性も高くなってきましたし、そうでなくても以前より再就職先は見つかりやすくなるはずです。もちろん、賃金は現役時代より大幅に

減るでしょうが、それでも老後資金に余裕ができるでしょう。このようなプラス面に注目してほしいと思います。

こうして**ポジティブな考え方が習慣になれば、老人性うつとは無縁になります。**より楽しく平穏なシニアライフを過ごせるようになると思うのです。

“パンさえあれば、たいていの悲しみは堪えられる。”

——セルバンテス

定年後は、住宅ローンを「支払い続けない」

国土交通省の「住宅市場動向調査報告書」によると、分譲マンションの平均取得年齢は42・7歳、分譲戸建て住宅の場合は41・4歳となっています。

わかりやすいように、この2つの年齢のほぼ中間、42歳で住宅を取得したとしましょう。返済額が最も少なくてすむ35年ローンを組むと、**完済年齢は77歳**になります。ようやく最近になって、70歳までの就業確保が企業の努力義務となったわけですから、無謀な行為といえます。

無謀ともいえる住宅ローンを組んだ人が多いのは、「退職金で住宅ローンを完済する」という考えがあったからでしょう。住宅ローンを組むときに「先輩に聞いたら、勤続○年で退職金が△千万円出るらしいから大丈夫」と油断していたのです。

しかし、民間企業の退職金の額は法律で定められているものではありません。経営者の一存や会社の経営状況で増減でき、経済が絶好調だったバブル時代と比べると、現在はほとんどの企業で大幅に減っています。

ちなみに厚生労働省の「就労条件総合調査」によると、大卒者が受け取った定年退職金額は、1997年には平均2871万円でしたが、2017年には平均1788万円に激減。つまり、20年間で1000万円以上も減ってしまったのです。

この結果、予想していたほど退職金を受け取れず、住宅ローンが払いきれなくなったというケースが増えています。「下流老人」や「老後破産」が増えている原因の多くも、ここにあるといわれています。

それなら、今からでも、定年後も住宅ローンを支払い続けずにすむようにすることです。**ローンほど余計といえる荷物はありません。**

しかも、60歳という年齢は、それが可能な最後のタイミングだと思います。なぜなら、多くの企業が定年を65歳まで引き上げていて、今後は70歳まで延長される可能性が高いためです。

もし定年の延長が5年だったとしても、すでに子どもが独立している世帯は多いでしょうし、若い頃と比べたら食費も減らせるはずです。こうして生活費を削って繰り上げ返済をしていけば、退職金で住宅ローンを清算できるかもしれません。少なくとも、定年後の返済額を大幅に減らせるはずです。

それでも厳しい場合は、**「リバースモーゲージ」**という最後の手段があります。これは、金融機関や自治体が自宅を担保にしてお金を貸してくれる金融サービスです。条件はいろいろありますが、不動産評価額の最大7割程度のお金を借りられるため、これで住宅ローンを完済するのです。

もちろん、これも借金に代わりはありませんが、**月に10万円だった返済額を3万円に圧縮できた**という例もありますから、これなら負担もずいぶん軽くなるはずです。

“貧乏と希望は母と娘である。娘と楽しく語らっていれば、母のほうを忘れる。”
――J・パウル

会社関係のつき合いは、ぜんぶ捨てる

現役時代に嫌いな人とでも無理してつき合わなければならなかったのは、自分の感情やプライベートよりも、仕事を優先せざるを得なかったからでしょう。

威張ることしか知らない上司でも立てなければならず、お得意さんがゴルフ好きなら、たとえプライベートの予定が入っていたとしても、休日返上で早朝から出かけなければなりませんでした。

いやいやながら上司の指示に従うのはストレスだったでしょうし、「相手の顔を立てるため、勝ってもいけないし負けすぎてもいけない」と考えながらやるゴルフも、まったく面白くなかったはずです。

でも、すでに定年を迎えたり定年が見えてきた60歳になったら、**仕事よりも自分の感情やプライベートを優先し、ストレスの多いつき合いはやめていいでしょう。**まもなく定年の身なら「人事異動で飛ばされる」とか「出世の邪魔をされる」などの心配もありません。

また、上司や同僚に飲み会に誘われても、無理に行く必要はありません。得意先にゴルフを誘われても同じです。「気が合う」とか「プライベートでも親しくしている」人に誘われたとき以外は、断ってもいいのです。

誘われるたびに断っていれば、やがて疎遠になるはずです。でも、この先は仕事上のつき合いよりも自分の気持ちや身内との関係を大切にしてもいいのではないでしょうか。

「いまさらそんなことをしても何にもならないから、最後まで穏便に過ごしたほうがいい」という考えもあると思います。でも、この考え方は大間違いです。

若い頃は、無理な人づき合いから受けたストレスくらい、簡単にはねのけることができましたが、**シニアはストレス耐性が低下していて、心身に影響が及びや**

こうして使命を達成できなくなったとわかったとき、大きな喪失感を覚え、それがストレスになるのは言うまでもなく、これがきっかけで老人性うつを発症する可能性も考えなければなりません。

ですから、「みんなに胸を張って語れる生きがいを探さなければ」という強迫観念に似た考えは捨てて、**「これを楽しんでみるかな」程度の軽い目標にしておきましょう。**もし途中で頓挫《とんざ》しても、それほど大きな喪失感を覚えずにすみます。

ところで、先に「沖縄の長寿の秘密は生きがいにある」と紹介しましたが、この生きがいも考えているよりずっと気軽なものです。たとえば、100歳を超えるある女性が生きがいにしているのは、史上最高齢のアイドルグループ「小浜島《こはまじま》ばあちゃん合唱

団（KBG84）」のメンバーであり続けることだそうです。

私の大先輩でもある聖路加国際病院名誉院長の故・日野原重明先生も、「生きがいとは、自分を徹底的に大事にすることから始まる」とおっしゃっていました。

大切なのは、自分が楽しめる生きがいを持つことではないでしょうか。

“長生きするためには、
ゆっくりと生きることが必要である。”
——キケロ

お金がなくてもできる小さな親切

近頃、「下流老人」や「老後破産」という言葉を目や耳にする頻度が高くなったからでしょうか、「お金がなければ幸せな老後を過ごせない」という思い込みが、以前よりさらに強くなっている気がします。

たしかに、お金があれば老後の不安は多少は減るでしょう。しかし、前述したとおり、預貯金などの物質的な充実度と幸福感は比例しません。では、どうすれ担っていました。しかし、現在ではお荷物扱いされることも珍しくありません。

厳しいことをいうようですが、このようになってしまった原因はシニアのほうにもあるようです。「40年間も働いてきて、ようやく定年を迎えたのだから、今後は自分の好きに生きる」という気持ちが強くなりすぎて、「次世代のため」という考え方を失ったシニアが増えているのではないでしょうか。

たとえ年長者でも、このように自分のことしか考えていない利己主義の人を尊敬できるわけがありません。その結果、シニアは疎《うと》まれて孤立する存在になってしまったというわけです。

だからこそ、シニアに「自分の知識や経験を次世代に伝えたい」という考えを取り戻し、**後の世代を育てる「中継役」になってほしい**と思うのです。そうすれば、子どもや孫だけではなく、周囲の若者にも敬われるようになるでしょう。脳も活性化して、あなた自身も元気で過ごせる期間が長くなるはずです。

ワインは熟成するほど芳醇《ほうじゅん》な味わいに変化していきます。しかし、そのような素晴らしいワインも、味わってくれる人があってこその存在です。60年以上かけて熟成させた知識や経験も、このワインと同じです。積極的に封を開け、次世代の人たちに味わってもらってはいかがでしょうか。

“希望に生きる者はつねに若い。”
——三木清

本作品は、当文庫のための書き下ろしです。

保坂 隆（ほさか・たかし）

1952年山梨県生まれ。保坂サイコオンコロジー・クリニック院長、聖路加国際病院診療教育アドバイザー。慶應義塾大学医学部卒業後、同大学精神神経科入局。1990年より2年間、米国カリフォルニア大学へ留学。東海大学医学部教授（精神医学）、聖路加国際病院リエゾンセンター長・精神腫瘍科部長、聖路加国際大学臨床教授を経て、2017年より現職。

著書に『精神科医が教える50歳からの人生を楽しむ老後術』『精神科医が教える50歳からのお金がなくても平気な老後術』『精神科医が教える60歳からの人生を楽しむ孤独力』（大和書房）、『精神科医が教えるちょこっとずぼら老後のすすめ』（海竜社）などがある。

だいわ文庫

精神科医《せいしんかい》が教《おし》える
還暦《かんれき》からの上機嫌《じょうきげん》な人生《じんせい》

著者　保坂《ほさか》 隆《たかし》

二〇二〇年九月一五日第一刷発行

発行者　佐藤 靖
発行所　大和書房《だいわしょぼう》
東京都文京区関口一―三三―四 〒一一二―〇〇一四
電話 〇三―三二〇三―四五一一

フォーマットデザイン　鈴木成一デザイン室
本文デザイン　菊地達也事務所
編集協力　幸運社、岡崎博之
イラスト　岸 潤一
本文印刷　厚徳社　カバー印刷　山一印刷
製本　ナショナル製本

ISBN978-4-479-30831-7
乱丁本・落丁本はお取り替えいたします。
http://www.daiwashobo.co.jp